Беспринцыпные чтения

АЛЕКСАНДР **МАЛЕНКОВ**
СНЕГИРЁВ
ЦЫПКИН

Записки на айфонах

москва
2017

УДК 821.161.1-32
ББК 84(2Рос=Рус)6-44
  З-32

Оформление серии *Петра Петрова*

Иллюстрации в тексте *Арины Обух*

Оформление обложки *Анны Ксенз*

Фото на обложке *Олега Зотова*

Книга издается в авторской редакции

З-32 **Записки** на айфонах / Александр Цыпкин, Александр Снегирёв, Александр Маленков. — Москва : Издательство «Э», 2017. — 320 с. — (БеспринцЫпные чтения).

ISBN 978-5-699-93403-4

В этой книге — рассказы трёх писателей, трёх мужчин, трёх Александров: Цыпкина, Снегирёва, Маленкова. И рисунки одной художницы — славной девушки Арины Обух. Этот печатный квартет звучит не хуже, чем живое выступление. В нём есть всё: одиночество и любовь, взрослые и дети, собаки и кошки, столица и провинция, радость и грусть, смех и слёзы. Одного в нём не найдёте точно — скуки.

УДК 821.161.1-32
ББК 84(2Рос=Рус)6-44

ISBN 978-5-699-93403-4

© Маленков А., текст, 2016
© Цыпкин А., текст, 2016
© Снегирёв А., текст, 2016
© Арина Обух, иллюстрации в тексте, 2016
© Ксенз Анна, иллюстрации на переплете, 2016
© Оформление. ООО «Издательство «Э», 2017

SCRIPTUM

АЛЕКСАНДР ЦЫПКИН

КАРМИЧЕСКОЕ. ГОГОЛЕВСКОЕ. БУЛЬВАРНОЕ

Сегодня утром, практически на ровном месте, жизнь нанесла мне удар. Могла бы предупредить, между прочим. Не чужая вроде.

Итак, год назад я купил пальто. Я говорю с придыханием и умеренным вожделением — ПАЛЬТО. Вкуса у меня нет, цвета сочетать не способен, продавцам не доверяю. Поэтому радостно хожу в черно-сером. Но в миланском аутлете впал в забытье по причине 80% скидки и купил себе отчаянно (для такого аскета, как я) зеленое пальто Etro. Дома развернул, испугался собственной смелости. Одних оттенков малахитового в подкладке этого бушлата было пять. Не бойтесь, все чинно-благородно, без

всякой там толерантности и яркости. Тем не менее очень страшно. Сразу же захотел его сдать, но именно поэтому аутлет и расположен в двух неделях пешего пути от цивилизации, чтобы такие малахольные, как я, не возвращались.

Переехало оно со мной в Россию. Остальные вещи отреагировали на появление нового жильца, приблизительно как яйца в холодильнике принимают киви (оборот бессовестно украден у народного). С отвращением и завистью.

Я хоть и безвкусен, но понимаю, что к зеленому надо что-то еще этого же цвета или как-то подходящего. На момент покупки бутылочным у меня было только лицо, но потом и оно загорело. Задумался. Пришла в голову мысль купить изумрудный перстень, но ее задушило такого же цвета земноводное. Болотные сапоги аналогичного оттенка плохо смотрятся в Москва-сити. Огуречные перчатки хочется бросить в лицо самому себе. Грущу. Ношу серенькое, привычное, по вечерам отгоняю моль от сокровища.

И вдруг, не поверите, в каком-то практически секонд-хенде попадается мне на глаза шарф. Ну идеально подходит!

Купил, принес, поженил. На следующий день назначил встречи всем, кому возможно, и с шести утра ринулся покорять Москву. Лайки ставят прямо на шинель.

На следующий день шарф про… Не потерял. Я никогда ничего не теряю. Я именно… (вы меня поняли). То есть я в принципе не могу вспомнить, в какой момент видел вещь в последний раз.

Рыдаю. Слезы не крокодиловы, как было бы уместно с точки зрения оттенка рассказа, а настоящие, с неподдельной ненавистью к себе. Ну что ж я за идиот-то такой, а?!

Снова хожу в асфальтовом. Подходящих палантинов больше не видел. Встречи не назначаю, работаю по телефону. А зачем… Что мне людям показать? В течение всей зимы пальто смотрит на меня с укоризной. Тоска и бессмысленность. Даже дни стали пепельными. Весна и моль с каждым днем подбираются все ближе. Подумываю о салатовом лаке для ногтей. К стилистическим ограничениям добавились климатические. Холодно так, что с голой шеей не побегаешь, а остальные шарфы, как вы догадались, серые. Выхода нет в любом случае.

КАРМИЧЕСКОЕ.ГОГОЛЕВСКОЕ.БУЛЬВАРНОЕ

Наконец сегодня, собираясь на день рождения к Victor Shkipin, взбунтовался. Черт с ними, с правилами! Надену пальто, ну хоть на один день вырвусь из рамок и стандартов. Потеплело ведь, пойду расхристанный и разнузданный, зеленый и счастливый.

Пальто не надевается. Что-то мешает.

«Нда… вот что значит зависелось без мужика. И все-таки почему же мне руку-то не вставить. Да что же там такое?!»

Твою ж то… ШАРФ. Он три месяца, сволочь, именно в рукаве и жил. Взял я ножницы и захотел прикончить обоих, но сдержался. Просто избил.

Шатаюсь теперь по родному уже Гоголевскому туда-сюда. Обращают.

В принципе, и в жизни так. Носишь серое, а шарф и к нему все время рядом. Всегда. Просто нужно в рукаве посмотреть. Он, сука, точно там.

ЛЕНЬ

Мне тринадцать. Мне нужны деньги. Очистив токсовские леса от всех пустых бутылок, я не сильно приблизился к Рокфеллерам и решил самодиверсифицироваться. Чем же заняться? Руки у меня обе левые и растут прямо из жопы, физической силой не обладаю, фарцовать в садоводстве — не перед кем и нечем. Я правда, попробовал рубить за деньги дрова, но на второй день топор слетел с топорища, чуть не убив увернувшегося работодателя и разбив окно в его бане. Все шло к возврату в бутылочный кластер. Но вдруг в моей голове родилась мысль.

Жили мы на полуострове, окруженном дивными холмами значительной, по карельским понятиям, высоты. Зимой даже горнолыжники тренируются. Виды такие, что дух захватывает! Но у холма есть один недостаток: на него тяжело влезать. По старой советской традиции магазины и другие блага цивилизации удобно разместили на вершине, а дачи — у подножья. Хочешь в сельпо — иди час в гору. А неохота.

Лень. Сакральное русское чувство. Наша лень совершенно иррациональна: лень наклониться в ду́ше за упавшим шампунем, будем полчаса пытаться поднять его пальцами ног. Лень взять корзинку в супермаркете — будем нести в руках тысячу мелочей, бесконечно их роняя и матерясь. Лень вызвать мастера, поэтому будем что-то сами прикручивать, приклеивать, присобачивать, пока все окончательно не сломается. Лень ходить к врачам регулярно, поэтому ждем, пока прижмет, и тратим в итоге в десять раз больше времени и денег. Лень работать, поэтому бесконечно празднуем и боготворим проблемы США. И так далее.

На мое подростковое счастье, ряду соседей было лень таскаться на гору, и мое предложение осуществлять доставку продуктов за «долю малую, но справедливую» нашло своего клиента. Но и меня сгубила лень.

Составив список пожеланий и получив финансирование, я сел на велосипед «Украина» и отправился в путешествие. Покупок набралось много, но ехать два раза мне было, как вы понимаете, лень, и я решил, что как-нибудь все привезу сразу, тем более деньги я еще не заработал, но уже потратил. Тоже, кстати, особенность нашего менталитета, отсюда популярность кредитов под космический процент на космическую херню. Устроился на работу, посчитал, сколько получишь за десять лет, и сразу все потратил. Уволили, сидишь, критикуешь правительство и ненавидишь банкиров. Но вернемся к моему бизнесу.

В общем, я все купил и кое-как распихал товар по велосипеду. Небольшая детализация: двухколесное средство передвижения с неполиткорректным по нынешним временам названием было огромным, а я, напротив, ростом с бублик. Мои ноги доставали только до педалей, и я научился запрыгивать на него, как Боярский на лошадь. В цирке выглядел бы забавно, этакий суслик на самокате, а вот на шоссе создавал своим плохоуправляемым агрегатом множество проблем. А тут еще куча кульков, неимоверным образом примотанных к заднему багажнику, мешок, висящий на правой стороне руля, и бидон с молоком, уравновешивающий его слева.

Даже для шапито перебор. Особый шик картине добавляли синие тренировочные с незабвенными лямками. Вспоминая моду СССР, я понимаю, почему секса в той стране не было. Большевиков, кстати, погубили джинсы, а не ракеты. Уверен.

Итак, я еду. Равновесие держу с трудом, но мысль все-таки разделить ношу на две ходки гоню как можно дальше. Неожиданно лямка тренировочных попадает в цепь. Ногами до земли я не достаю, ручного тормоза у велика нет, куча скарба на руле во главе с полным бидоном ситуацию не упрощает. Качусь по инерции, думаю, что делать. Метрах в тридцати от меня — остановка сельского общественного транспорта. Людей на ней больше, чем физически может влезть в любой автобус, и все это понимают, так что стоят плотно у края и в дождь, и в зной. Автобус в город ходит регулярно, два раза в день, поэтому, кто не влез, тот идет пешком три километра до электрички, и там аттракцион повторяется. Маршруток нет в принципе, машин у людей в основном тоже. Так что стоим, товарищи, и не жалуемся.

Перед остановкой лужа широкая, как Волга. Асфальт положен плохо. Тяжелые автобусы своими колесами выдавили низменность, заполняемую водой частых ленинградских дождей. Мой велосипед начинает терять скорость, решения у меня в голове так и нет. На глазах изумленной толпы я въезжаю в самый центр лужи, останавливаюсь и закономерно валюсь в это озерцо со всем товаром.

Я в грязной воде, на мне велосипед, сверху россыпью ВЕСЬ ассортимент деревенского магаза: пародия на макароны из «п-ц каких твердых» сортов пшеницы, позапозапрошлогодняя картошка, похожая на прошлогоднюю сливу, серая булка, видевшая Ленина, стальные сушки, размокающие только в кислоте, синяя, как тренировочные, курица, умершая своей смертью, леденцы с неотдираемой оберткой. И все это залито двумя литрами молока. Хорошего молока, так как оно от недобитого колхозниками кулака. Венчает пирамиду кепка.

Падение мое тянуло на «Оскар» и было встречено бурными продолжительными аплодисментами стоящих на остановке.

Лежу. Помочь особо никто не собирается, так как лужа глубокая, да и место у края остановки терять никто не хочет. Тренировочные плотно зажаты цепью, велосипед тяжеленный. Мокро, обидно, больно, безнадежно.

Именно в эту минуту подъезжает автобус. Водитель останавливается перед лужей, в которой, как в ванне, я нежусь, высовывается из окна и кричит: «Уберите этого идиота от остановки, иначе вообще двери не открою, пешком в город пойдете!»

Какой-то тучный мужик спешно снимает сандалии, поднимает меня с велосипедом, отрывая кусок тренировочных, выкидывает обоих на обочину и бежит, расталкивая толпу, к дверям автобуса, который безжалостно раздавил заказ моих замечательных соседей и намотал на колесо знак моего социального статуса. Кепки больше нет.

ЛЕНЬ

В оборванных трениках, с разодранным локтем я смотрю на отражение белых облаков в молочно-серой воде, размышляю о природе лени, мечтаю о поездке в Америку за кепкой, о дефицитном велосипеде «Кама» и думаю о том, как найти деньги, чтобы расплатиться с инвесторами. Не влезшие в автобус расходятся, оставляя после себя любимые мною бутылки. Я думаю: «Ну ее, диверсификацию. Надо развивать ключевую компетенцию и не вкладываться в непонятные стартапы».

За неделю я собрал бутылок достаточно, чтобы компенсировать потери от провала в бизнесе по доставке. От судьбы не уйдешь. Кто-то должен был собирать стекло в готовящейся разбиться вдребезги империи.

Всем, кто хочет обратно в СССР, посвящается.

НОВОГОДНИЙ БРАК

Если речь идет о чувствах, интуиция почти никогда не обманывает нас. Мы же почти всегда пытаемся ей не поверить. Мы верим в «почти».

Судьба — это не рулетка, а программный код. Никаких случайностей. Ошибочные эсэмэс никогда случайно не отправляются.

Итак, где-то в начале века мой скучный друг Аркаша встал на тернистый путь моногамии. Шел он по нему с девушкой по имени Анна.

У Ани были изящные руки и озерцо обаяния. Пожалуй, всё. Красоты особенной в ней не наблюдалось, да и магии тоже.

Несмотря на это, Аркаша был к барышне привязан и даже строил какие-то планы:

— Я уже готов начать размышлять о том, что пора задуматься о возможности сделать через несколько лет намек на перспективу свадьбы.

Но дальше размышлений жених не заходил. Всегда забавно наблюдать за мужчинами, считающими, что они — властелины времени.

Наступило тридцать первое декабря. Мы собирались большой компанией вставить бенгальские огни в оливье и заснуть лицом в бланманже, приготовленном моей тетей Верой. Для подготовки к этому сакральному событию я направился к Аркаше прямо с утра. Мешать спирт с вареньем и селедку со свеклой. Хозяин квартиры встретил меня следующим пресс-релизом:

— Сань, тут такое дело… ты меня знаешь, я не такой уж бабник, но вчера встретил на улице Киру Азарову. Помнишь, из моей группы? В общем, если я сейчас ей напишу, она днем приедет поздравить, так сказать.

— Аркаша, я ее очень хорошо помню, но ты же верный, как кирпичи мавзолея, мы тобой все гордимся! С чего вдруг тебя так понесло?

НОВОГОДНИЙ БРАК

— Знаешь, иногда смотришь девушке в глаза и понимаешь, что собой не владеешь. Это так редко бывает в жизни. Ну как мне остановиться... да и закрывать этот гештальт нужно, — Аркаша был таким занудой, что прочел всю околосексуальную литературу.

Герой потыкал в телефон и, довольный, наконец сообщил:

— Цыпкин, вали домой до пяти минимум, жребий брошен, как говаривал Наполеон.

— Вообще-то, Цезарь. И что ты там бросил?

— Читай.

Я стал читать отправленное им сообщение:

«Кира, жду Вас в два часа, чтобы романтически проводить Новый год, держать в руках себя не обещаю, уж слишком Вы прекрасны для моей скучной жизни».

Аркаша сидел и курил. Счастливый, торжествующий, со взглядом Цезаря, входящего сразу в Нью-Йорк.

Все было прекрасно в этом сообщении. Стиль, посыл, лаконичность и особенно адресат. Аркаша отправил его своей Ане.

Я смотрел на своего друга и удивлялся материальности мыслей.

— Аркаша... ты его Ане отправил.

Сказать, что мой друг покрылся инеем — это не сказать ничего. В тот момент, когда я озвучил ему приговор, он сладостно выдыхал табачный дым. После моих слов дым еще минуты две шел из его открытого рта, как пар из кипящего чайника. Я медленно вынул сигарету из его окостеневших рук.

Еще через минуту он холодным голосом сказал:

— Я только что ее убил.

— А Кира — мужское имя, может, как-то это обыграть? — Я неуклюже пытался найти решение.

Казалось, он не услышал моих слов:

— Дело же не в том, что я скотина и она меня бросит. Аня не то чтобы очень красивая, и знает об этом. А фотографию Киры она видела. Нельзя бить в самое больное место. Нельзя.

Аркаша был прав. И действительно, уж если уходить в левый ряд, то не с тем, кто круче твоего партнера по его ключевому комплексу неполноценности. Но в тот момент я вспомнил бабушкины слова: «Интеллигент совершает те же низости, что и обычный человек, но при этом очень переживает». Кстати, с этой точки зрения, я — истинный интеллигент.

— Позвони ей, мне кажется, найдутся слова.

— Она не ответит, — Аркаша ушел в другую комнату, но скоро вернулся. — Бесполезно.

— Давай так: ты ей напиши, что это я случайно отправил с твоего телефона, у нас же одинаковые «Ноки». Ну а я скажу, что они у тебя в телефонной книге записаны рядом.

— Очень логично, что Аня и Кира идут друг за другом. Хотя Кира же Азарова, может, и правда, прокатит? Эсэмэска с объяснениями улетела. Ответа не последовало.

Аркаша взял телефон и стал методично что-то набирать.

— Я сознался во всем своем мелком вранье, сказал, что между мной и Кирой ничего не было, что это было просто наваждение какое-то и попросил меня простить...

Звонок. Тонущий в болоте не так хватается за камыш, как Аркаша рванул к трубке... Но брать ее не стал.

— Это Кира. Сань, ответь, что я умер, или что меня инопланетяне забрали, или что ко мне жена приехала.

Занятно, как иногда быстро проходит одержимость и все эти «собой не владею…»

— Насчет жены — смешно.

Аркаша задумался и вдруг отрезал:

— Знаешь, а я поеду предложение сделаю!

— Что?! Ты сейчас неадекватен и просто хочешь как-то проблему решить!

— Ты меня часто неадекватным видел?

— Согласен. Неадекватность — это дар Божий, не всем он дается.

Через час молчания мы стояли у двери Аниной квартиры. То, что она дома, Аркаше было известно, так как они еще утром договорились, что он ее заберет вместе с каким-то салатом.

Обычно флегматичный, Аркаша нервно поправлял волосы, расстегивал и застегивал куртку, заглядывал в мои глаза, как будто ждал ответа не от Ани, а от меня.

«Эко его скрутило», — с завистью подумал я.

Я позвонил. Замок повернулся. По лицу Ани все было понятно.

— Мальчики, простите ради бога, я все проспала... Только сейчас увидела все звонки пропущенные, и там еще эсэмэсок куча. А вы, наверное, испереживались...

Аркашу можно было сразу сдавать в музей мадам Тюссо. Его душа не могла выдержать второго такого удара.

Пока не дошло дело до третьего, я решил избавить Аню от удовольствия прочитать «кучу смс».

— Аня, дай, пожалуйста, свой телефон, мой сел.

Я взял аппарат и ушел на кухню. Чистка компромата заняла пару минут.

— Аркаша, тебе какая-то Кира звонит! — Послышалось из гостиной.

Я вошел, взял телефон, и сказал:

— Это она мне звонит, мой же сел, я дал Аркашин номер.

Мне показалось, что в глазах друга даже мелькнула ревность.

P. S. В Киру я по уши влюбился, растерял весь цинизм, ползал в грязи, целовал шнурки, строчил жалостливые письма, требовал внимания, ныл, что готов на все, превратился в истерика и был ожидаемо послан через три месяца. Еще три месяца проходил реабилитацию. Представляю, что бы она с Аркашей сделала! Одних гештальтов на полжизни оставила бы.

P. P. S. Предложение в тот вечер Аркаша не сделал. И правильно. Любовь — чувство свободных в выборе, а не тех, кто в данный момент до смерти боится кого-то потерять или мучается чувством вины. Может, я ошибаюсь, но эмоции, рожденные под давлением извне, не являются настоящими. Уйдет давление — уйдут эмоции. Как говаривала одна моя мудрейшая знакомая: «Ничто так не убивает безответную любовь, как год взаимности».

РУКА

2005 год. Совершенно случайно оказался в Австрии. В то время я занимался обелением бесконечно черного имиджа казино, и решили мы врифму — произвести свое вино.

Я уболтал какого-то австрийского винодела обсудить этот прожект, и меня вместе с управляющим рестораном отправили в альпийскую страну для знакомства с ассортиментом.

Как сомелье я был профессионален в одном: уверенно мог отличить белое от красного. В остальном — полный провал. Но, так как товарища завербовал я, меня «прицепили» к поездке.

РУКА

От Вены мы ехали час на машине и прибыли в совершеннейшую дыру где-то в горах. Деревня, виноградники — и это всё. Местный секрет виноделия в том, что ягодам дают замерзнуть и только после этого собирают. Так получается восхитительный айсвайн. Сладкое полнокровное вино, сбивающее с ног после первых двух бокалов.

Все дегустируют, я тупо напиваюсь. Они выплевывают, пополоскав во рту, я, разумеется, нет. И через два часа становлюсь похожим на снег. Красивый — но на земле.

Утро. Осматриваем окрестности. Главное отличие России от Европы — именно деревня. У них она почему-то не сильно отличается от столицы. И дело не в столице, а в деревне.

Винодел приглашает нас в какой-то дом. Встречают всей семьей — русские все-таки, не каждый день увидишь, даже не каждое десятилетие.

Последней выходит очень пожилая дама.

Знаете, уже после тридцати по женщине можно сказать, станет ли она бабкой или пожилой дамой. И именно по этому признаку мудрые старшие товарищи рекомендовали мне выбирать жен.

Так вот, представляют мне эту австриячку в летах.

Подошла, поздоровалась. Взяла за руку. Знаете, такая мягко-шершавая бабушкина ладонь. Долго держала и смотрела в лицо. И вроде бы ничего особенного, только в глазах ее словно пирог остывает. Помните, как в детстве: прибежишь домой с мороза, руки ледяные, в снежки переиграл. А на кухне суета. Гостей вечером ждут, все, включая кота, готовят. И вот из духовки пирог достали. Отрезать кусок не разрешают, но можно на полотенце, его закрывающее, ладони положить, греться и вдыхать запах теста. Не знаю, получилось ли у меня ее взгляд описать, но я старался.

Посмотрела она на меня и говорит:

— Теплый… вы, русские, теплые…

И ушла.

Уже потом наш винодел рассказал мне ее историю. Думаю, что она правдивая:

Во время войны в деревню зашли советские войска. Несколько дней стояли. Встретила она нашего паренька. Герой, в орденах, мальчишка, правда, совсем. Один раз даже ночевать остался. Говорят, не было у них ничего — оба скромные, деревенские, целовались только. Утром провожать пошла, а его машина наша армейская насмерть сбила у нее на глазах. Судьба.

Я был вторым русским, которого она за руку держала.

Ничего в этой жизни из сердца не выкинуть. Разве что заморозить на какое-то время. Как виноград. И слава богу.

СВАДЕБНОЕ НАСИЛИЕ

«Цыпкин, мне конец. Я ночью ударил Катю, но не очень помню, за что и как, хотя это уже не важно. Она плачет и говорит, что не может выйти с подбитым глазом. Ее папа меня убьет, ты же его видел».

Вот такой звонок я получил из гостиничного номера, в котором мой друг проводил свою брачную ночь. Утро после свадьбы и без того тяжелое испытание, а тут вообще кошмар. Но обо всем по порядку.

Гена жениться не собирался, ни на Кате, ни в принципе.

Он был из интеллигентной петербургской семьи. Все ученые, некоторые указаны в энцикло-

педии. Бабушка, разумеется, еврейка. Небогатые.

Катя приехала в Петербург из Рязани. В семье все военные, даже домашние животные. Папа, разумеется, бывший десантник. Богатые.

Гена увидел фотографию ее отца утром после, так сказать, незащищенного соития и сразу все понял. Бабушка учила Гену смотреть в родословную до первого свидания, так как никогда не знаешь, чем оно может закончиться, но Гена бабушку не слушал.

В итоге Катя вдруг стала беременна. Девушке повезло с семьей отца ребенка: люди глубоко порядочные жениться Гену обязали. Правда, вот Катю в полноценные родственники принимать не спешили сразу. Эта дихотомия, кстати, довела до развода не одну разноклассовую пару. Ощущать себя женщиной второго сорта, неожиданно свалившейся на обожаемого сына или внука, — удовольствие сомнительное. Особенно если из зоопарка тебя вроде бы выпустили, но относятся все равно как к говорящей барсучихе. А если есть различия еще и в материальном статусе, и представители интеллигенции значительно беднее, то положение девушки иногда становится совершенно невыносимым. Она виновата и в том, что недостаточно изысканна, и в том, что слишком богата.

Но все это были возможные детали будущего. В настоящем нужно было решать вопрос со свадьбой. При подсчете количества гостей выяснилось, что силы совершенно неравны. Интеллигенция выставила на поле двенадцать человек, в основном травмированных и с низкой мотивацией. Пролетариат с купечеством — аж пятьдесят девять, собранных со всей страны, из которых двадцати четырех Катя никогда не видела, а двадцати трех никогда не хотела бы видеть. Все они рвались в бой, точнее, в Петербург, на свадьбу «нашей Катеньки» с человеком, чей прадедушка упомянут в Большой советской энциклопедии. Практически же говорящая собачка, надо же посмотреть, потрогать, не говоря уже о проверке его на прочность, о которой мечтали друзья отца по ВДВ. Родственники Гены, понятно, никого вообще не хотели видеть и особенно слышать.

Расходы на этот товарищеский матч взяла на себя команда гостей.

Свадьбу можно описать одним словом: похороны. Это слово отображало выражение лиц команды жениха, самого жениха и невесты. Хотелось похоронить ведущего, музыкантов и поваров. О самом поводе забыли так же быстро, как забывают на поминках о покойнике, когда в траурный день начинаются чуть ли не пьяные танцы гостей с разных сторон усопшего. Через два часа после начала матча судья утратил контроль над игрой и был удалён с поля. Началась русская свадьба, бессмысленная и бессмысленная.

Дядя невесты, прибывший из Ростова-на-Дону, начал пить ещё в Ростове-на-Дону и так в этом преуспел, что забыл о своей жене, хотя забыть о таком объёмном грузе было сложно, и пытался пригласить на медленный танец Генину маму, которая вмёрзла в стул, но дядю это не смутило, и он поднял её вместе с ним. Под бурные аплодисменты кубанский казак покружил стул с полумёртвой преподавательницей филфака по зале и уронил их обоих практически в торт.

Конкурсы были настолько глупы и абсурдны, что даже не избалованные анимацией гости из-под Рязани (были из Рязани, а были из-под) их освиста-

СВАДЕБНОЕ НАСИЛИЕ

ли и предложили всем начать носить своих спутниц вместе со стульями по примеру ростовского товарища. Визг, крик и поломанная мебель.

Катина мама, женщина простая, но добрая и воспитанная, подсела за стол к Генкиным родителям и обнадежила: «Вы потерпите, пожалуйста, я все понимаю».

Потом пошла траурная процессия с ненужными подарками и нужными конвертами, затем реквием, тьфу, танец под песню «Потому что нельзя быть на свете красивой такой» и, наконец, кидание венков в толпу потенциальных невест.

Оскорбленная поступком мужа жена ростовского танцора сказала, что тоже будет ловить венок, и, придавив парочку незамужних девиц, заполучила-таки пропуск в следующий брак.

Один из гостей подошел к Генкиной бабушке с какими-то несуразными комплиментами и закончил все восхитительной фразой: «Ведь есть же и среди евреев хорошие люди».

После этого бабушка поделилась со мной опасением: «М-да, жениться — это полбеды, важно, как потом разводиться, а здесь, боюсь, если что, миром не получится».

Друзья Катиного отца посадили меня с женихом за стол и стали заливать водку в наши тщедушные тела, параллельно обучая жениха хитростям семейной жизни.

«Генка, ты, главное, бабу не распускай! И запомни, от хорошего леща еще никто не умирал! Нет, конечно, бить женщину нельзя, но леща прописать можно!» — учил жизни моего друга человек с запястьем размером с Генкину голову.

Свадьба гремела на весь отель, я пытался затащить в заранее снятый номер одинокую подругу невесты, но она оказалась девушкой с принципами, и затащить мне удалось лишь бутылку виски. С ней я и заснул.

Утром меня разбудил упомянутый выше звонок.

— Саня, делать, делать-то что? Я, главное, не понимаю, за что я ее так, мы же сразу заснули почти, когда я успел? И ты же меня знаешь, я муху не обижу, а Катька, она такая нежная. Господи, как я мог…

— А Катя не помнит?

— Да она вообще до сих пор только мычать может, убралась в полный салат, хотя, как в зеркало посмотрела, протрезвела немного, но, когда я ее ударил, не помнит. Говорит только, папа меня убьет и что она не думала, что я в принципе способен поднять руку на женщину. Я тоже так не думал.

Отмечу, что Генка среди нас был самый приличный. Ко всем, даже самым мимолетным, знакомым он относился как к лучшим подругам, всегда провожал домой, искренне заботился, говорил о девичьих проблемах часами, если от него этого хотели. В общем, мы стыдились себя в лучах Генкиной добродетельности. И тут избить жену. Хотя один раз я видел, как у него слетает голова с катушек, и тогда он был страшен. Отмечу, и тот случай произошел при участии алкоголя.

Тем не менее проблему надо было решать. Голова у меня разрывалась, и я попросил в roomservice принести мне бутылку пива. Пришедший официант спросил меня:

— Невеста-то как, жива? Досталось ей вчера…

Я поперхнулся.

— В смысле?

Оказалось, что моя жажда пива спасла и ячейку общества, и лично новоиспеченного мужа. Гена с Катей, точнее, с телом Кати, пошли спать в свой номер. В это же время официант roomservice нес заказ в соседнюю комнату и увидел следующую картину. Невеста, больше напоминавшая свернутый ковер, была прислонена к стене, а Гена пытался вставить карточку в щель замка. Когда это удалось, он открыл дверь в номер, взял Катю на руки, как обычно это делает прекрасный принц, и попытался внести невесту в дом. Болтающиеся ноги невесты бились при этом о левый косяк двери, а безжизненная голова — о правый. Гена был так накачан водкой, что мог оценить только одно событие: Катя в дверь не входила, а вот почему это происходило, он не понимал и поэтому пытался ее так внести раза три (последний почти с разбегу), пока официант его не остановил. Гена его послал, но послушал и затащил невесту бочком.

Я позвонил Гене и все рассказал, затем схватил официанта в охапку и пошел искать Катиного папу. Он был найден на завтраке трезвым, бодрым и чисто выбритым. Только при мне бывший военный выпил почти 0,7. Да. Вот это закалка. Послушав трагическую историю, он кратко и без лишних эмоций все расставил по местам: «Походит в темных очках неделю, и всего делов, а муж молодец, хотел традицию соблюсти».

Вечером молодожены улетели в путешествие, на всех фотографиях Катя была в огромных солнечных очках, и про насилие в семье больше никто не узнал. Они, кстати, так и не развелись, более того, бабушка взяла на себя роль профессора, и через год Элизу Дулитл было не узнать. Сдружились даже отцы, за исключением одного разногласия. Тщедушный Генкин папа просит отдать внука в Рязанское училище ВДВ, а десантник — лоббирует СПбГУ. Каждый вымещает свои комплексы на детях как умеет.

P. S. И еще немного про Генкину семью. На момент свадьбы Катя уже не была беременна, не сложилось в тот раз, к сожалению. Она переживала, боялась, что ей не поверят, подумают, что она это все придумала и что жених отзовет предложение. Когда Гена сообщил своим о проблеме, бабушка спокойно сказала:

— Уверена, на твои планы относительно женитьбы это не повлияет. Не позвать замуж беременную девушку — трусость, а вот отказаться от потерявшей ребенка — это уже предательство. Данте оставил для таких последний круг. Я тебе не советую.

— Бабушка, я и без Данте понимаю, что можно, а что нельзя.

СРЕДНЕЕ. СЕКСУАЛЬНОЕ

Вчера я солировал в МГИМО с нудной темой. А организаторы просили зажечь. Очень просили. Так просили, что я стал нервничать, что не зажгу. Вспомнил историю из 2000-х. Про секс, разумеется.

Речь в ней шла о юности, времени одинокого проживания в культурной столице. Эти факторы не оставляли мне выбора, и приходилось вести разгульный образ жизни. Иногда снисходил до разового киносекса. Зовешь барышню домой смотреть документальный фильм, а там как повезет. (Офтоп, помню, как уже в зрелом возрасте

СРЕДНЕЕ. СЕКСУАЛЬНОЕ

знакомая жаловалась на новоявленного ухажера: «Позвал домой смотреть кино и начал, сука, смотреть кино».)

Так вот, очередной заход в кассу кинотеатра, ну то есть приглашение пойти погулять с последующим домашним «просмотром». Самое сложное для порядочного человека, пытающегося непорядочно поступить на первом свидании, — это так пригласить в гости, чтобы не менее порядочная девушка, собирающаяся поступить тем не менее так же, как и я, оставалась чиста перед своей совестью. Игра идет по Станиславскому до последнего. В общем, гуляем мы по парку, я ищу нужную светотень для главного предложения, и тут неожиданно в меня стреляют первым.

— Холодно, поехали ко мне кино посмотрим, дисков новых тут накупила.

Я хотел было повторить часто слышанное мною: «ну только точно кино, и я домой», но воздержался. Просто лениво так булькнул:

— А чего смотреть будем?
— «Том и Джерри».

Приходим. Дома нет даже телевизора. Начинаю смутно догадываться. И тут меня сгубит любопытство и жажда правды. Не помню формулировки, но смысл был такой: «А чем вызван настолько прямолинейный интерес к моей персоне?»

«Рекомендацию дали».

В те времена по телевизору шла навязчивая реклама под лозунгом: «Рекомендации лучших собаководов». Ощутил себя пуделем.

Но не это было самым ужасным. Я, как хороший пионер, стал париться: оправдаю ли возложенные надежды. Кто меня рекомендовал, я не знал, но мерзкое для мужчины состояние — «надо не облажаться» — поселилось там, где только что порхали похотливые насекомые. И с каждой минутой бабочек было все меньше, а страха все больше.

Еще один офтоп. В детстве я, как и все, периодически стоял на табуретке и читал стихи. Получалось сносно, пока один раз мама не сказала: «Сегодня будут гости, надо постараться». Актер все забыл, зарыдал прямо на сцене, и билеты зрителям пришлось вернуть. С горя и стыда залез под праздничный стол, куда папа решил открыть

СРЕДНЕЕ. СЕКСУАЛЬНОЕ

бутылку шампанского, чтобы пробкой не попасть в гостей. Попал он прямо в мою тихо рыдающую жопу. Мне до сих пор себя жалко, а все потому, что не надо было анонсировать мой успех.

Скажу так. Стихи тогда я прочел лучше, чем выступил в качестве любовника в указанных выше обстоятельствах.

Мост развелся не до конца, все время норовил свестись раньше времени и в итоге рухнул. Любые попытки повторного подъема приводили к картине «несобранный урожай». В такой ситуации остается шутить, а это, к счастью, я умею, независимо от состояния. Жег как никогда. Барышня обхохатывалась. Пара часов шедеврального стендапа кое-как спасла ситуацию. Наконец я собрался домой и, уходя, извинился:

— Прости, рекомендации не оправдал.

— Наоборот, оправдал на сто процентов.

Я стал похож на красную лампочку рентгенолога.

— В смысле?

— Мне так и сказали: секс средний, но очень весело, — а мне так грустно последнее время.

Показалось, что папа опять выстрелил мне в задницу шампанским.

Я лишь задумался о многослойности понятия «средний секс».

Дома я до утра смотрел кино.

А ведь осчастливил все-таки девушку. Никогда не знаешь, чего от тебя хотят.

СЦЕНАРИЙ ДЛЯ ПОРНО БЕЗ HAPPY-END

ИСТОРИЯ О СИЛЕ ЖЕНСКОГО ДУХА

Давным-давно в тридесятом царстве жил-был я. И жил не один, а с прекрасной принцессой. И все было расчудесно, за исключением... отсутствия шкафа.

Я решил взять эту проблему в свои кривые руки и повез нас обоих в бутик эксклюзивной мебели ИК..., расположенный в живописном месте за КАДом. Бутик посещаемый и популярный.

Там я и узнал, что вовсе не каждый шкаф вылезает из станка в собранном состоянии. На стене у входа в магазин меня приветствовал красивый рекламный текст, суть которого сводилась к следующему: «Нищеброд, слушай меня внематель-

но! Ты здесь, потому что считаешь себя самым умным? Нет! Самый умный здесь я. Поэтому ты заплатишь деньги: за шкаф, за то, что соберешь его, за то, что будешь радоваться, что сэкономил. Прости, но я также полагаю, что ты настолько бездарен, что не в силах купленную мебель собрать без проблем, за тебя и это сделают. Если ты читаешь это объявление и вокруг тебя суетятся тысячи таких же муравьев, значит, я не зря занимаю свое место в журнале Forbes, а вот ты в нем пока не числишься даже рекламодателем».

Что отличает петербуржца от жителей других городов? Он точно знает глубину задницы, в которой находится. Что еще его отличает? Ему абсолютно по фигу, ибо в этой заднице он все равно самый культурный! Так что я не расстроился от осознания прочитанного.

Свысока посматривая на остальных «муравьев» и отстояв час за разогретыми фрикадельками, мы таки купили шкаф! Радовало, что купили быстро и только шкаф. С еще большего «высока» я наблюдал молодые ячейки общества, которые с перекошенными лицами гробили свой медовый месяц из-за разных подходов к выбору абажура или коврика в ванную. Сразу подумалось о жизненном цикле «встреча, любовь, загс, ремонт, развод». Отвлекусь: один раз в отделе матрасов я услышал, как громоздкая жена извергла на своего тщедушного мужа убийственную фразу: «Вова, трахаться хочешь?! Грузи эту гребаную кровать и не ной!»

Вернемся к шкафу. Оплатив карточкой XXX-банка «с рассрочкой платежа» (о котором забываешь и потом платишь мильон процентов годовых) и еще раз ощутив ногами илистое дно питерского гламура, я вдруг созрел для бунта и революции, повернулся к принцессе и заявил, что «сборка не нужна, я сам». Девушка меня любила и уважала, поэтому ответила вежливо:

— Самоделкин, ты что, заболел?! Ты лампочку вкручиваешь месяц с помощью инструкции и консультантов, более того, она потом все равно не горит. Ты знаешь, что такое вечность? Так вот, умножь на два и получишь время сборки шкафа твоими мастеровитыми руками.

Это была чистая правда. Я — практическое воплощение нового закона Мерфи. «Если что-то не получается сломать, отдайте это Цыпкину, он сломает». На уроках труда меня держали в железной клетке в смирительной рубашке. Просто учитель не хотел сидеть в тюрьме. Но я топнул ботиночком и, опустив голос до хрипоты, сообщил, что мужик в доме Я.

Скажу честно, сдался «мужик» быстро. Привез, разложил все и капитулировал. Радовало одно — при этом мое самолюбие даже не шелохнулось. Свидетельнице позора я заявил, что мое время дороже, а признавать поражение способны только истинно великие люди. И стал искать телефон службы сборки мебельной компании.

Приход гуру отвертки был назначен на субботнее утро. Настало время решить, кто будет сидеть со сборщиком. (В доме человека, покупающего шкаф в ипотеку, очень много ценного. И я, естественно, не мог допустить даже мысли оставить постороннего без надзора в этом музее.)

— Он же что-нибудь украдет! — гремел мой голос на все тридцать метров пентхауса.

— А я не собираюсь сидеть с потным мужиком одна! — гремел женский голос в ответ.

Щедрость и великодушие всегда были моими сильными сторонами:

— Не вопрос, я посижу, а ты сходи в кино.

О, эти минуты благодарности российской женщины...

Настал шаббат. Сборщик обещался прибыть в 11:00. Принцесса стояла в прихожей, спиной к входной двери и лицом к зеркалу. Тушь быстро занимала свое место на ресницах. Звонок. Я открыл дверь и... На пороге стояла красивая девушка в коротких шортах, с грудью, взятой напрокат у Памелы Андерсон, пакетом и чемоданчиком с инструментами.

— Вам шкаф собирать?

— Нам! — выдохнул я и сполз по стене, уходя в бесконечный и беззвучный хохот.

Моя принцесса с застывшими рукой и взглядом повернулась на 180 градусов и посмотрела на «потного мужика», с которым мне предстояло «сидеть». Обида, удивление, восхищение и обреченность калейдоскопировали на ее лице. Я слился с вешалками.

— Доброе утро! Проходите, пожалуйста. Простите за вопрос, а вы единственная девушка-сборщик в вашем магазине? — ртутью вытекли слова из уст моей возлюбленной.

СЦЕНАРИЙ ДЛЯ ПОРНО БЕЗ HAPPY-END

— Да, — понимая весь драматизм ситуации, сборщица старалась не улыбаться и спрятать грудь, которая с трудом помещалась в прихожей.

Далее гаубица повернулась в мою сторону и выстрелила:

— Цыпкин (запикано), объясни, а почему во всем (запикано) пятимиллионном городе девушка-сборщик пришла именно (запикано) к тебе?!

Расстрел был прерван вежливым вопросом:

— А где у вас можно переодеться?

Ее слова спасли мою бессмысленную, но яркую жизнь.

Вынырнув из вешалок и обойдя гаубицу, я сопроводил гостью в ванную. Пока шел процесс преображения, свет очей моих отчеканил следующее:

— Если ты просто хотя бы подумал о чем-то, а я точно знаю, что ты подумал, то имей в виду: это будет последний секс в твоей распутной жизни, и тебя похоронят в этом собранном шкафу, но без некоторых частей твоего тела.

Я сглотнул и дважды моргнул. Звучало убедительно.

Нимфа вышла из ванной в синем рабочем комбинезоне, футболку сменила майка с достаточно большим вырезом.

— Где собирать будем? — спросил вырез на майке, глядя мне в глаза.

— Саша вам все покажет, — ответила принцесса и покинула квартиру.

Если вы ожидаете бурной сцены любви, вынужден вас огорчить. Я не просил, да, думаю, мне бы и не дали. В том молодом возрасте я был таким «брутальным красавцем», что дать мне можно было только из очень большой любви, которая, как известно, не добра, но регулярна.

Но как она собирала! На коленях, с ПРАВИЛЬНО изогнутой спиной (а это, кстати, искусство!), уверенно вкручивая шуруп за шурупом.

В общем, как там его, «нефритовый стержень» давал о себе знать. Ну и вырез не охлаждал моей, если я правильно помню определение, «вздыбившейся плоти».

Помимо похоти меня мучило любопытство. Это сочетание, кстати, и привело меня в итоге ко всем жизненным успехам. Но сейчас не об этом.

СЦЕНАРИЙ ДЛЯ ПОРНО БЕЗ HAPPY-END

— Простите, а что стало причиной ухода в столь мужскую профессию? — елейным голосом поинтересовался я.

— Деньги, — холодным голосом ответила она. — Все просто. Я работала менеджером по продажам и зарабатывала тридцать тысяч, на съемную квартиру и помощь маме не хватало. Сейчас только чаевых в месяц у меня под сто тысяч плюс несколько приглашений в рестораны, два в отпуск и одно замуж. Шкаф готов. С вас… (не помню сколько, но заплатил я раза в полтора больше).

Все действо заняло 40 мин. Нимфа переоделась, улыбнулась, постояла, улыбнулась с подтекстом, посмотрела в глаза, поблагодарила за выдержку и ушла.

А вот я бы, может, и не смог бы перейти из менеджеров в сборщики мебели. Понты не пустили бы, да и духа бы не хватило друзьям признаться.

УВАЖЕНИЕ

В далекие 90-е у моего друга Вити был пес со звонким именем Рембо (ударение на первый слог). Впрочем, с героем боевиков этот фрукт ассоциировался в той же степени, в какой и с поэтом (ударение на слог последний). Пожилая дворняга размером с небольшую лайку, со взглядом одновременно печальным, смелым и хитрым. Такие глаза я видел как-то у отсидевшего добрый десяток лет вора, с которым судьба столкнула меня в одной компании.

Как и герой той встречи, Ремчик, как ласково звал его Витя, был в авторитете. Гулять ходил без поводка, периодически принимал участие

в дворовых разборках, ну и, конечно, почитал маму. Витину маму, разумеется. Кроме пса, на подотчетной территории проживала кошка. Рембо она «видела в микроскоп», что с бабы взять. Мама любила всех, и все любили маму. Социум жил в полной гармонии, но в один, возможно, прекрасный день в судьбе фауны случились перемены. В квартиру с особым почетом внесли щенка ротвейлера. Имя аристократического отпрыска было грозным — Джафар. Положение Джафара в обществе стало полной противоположностью его родословной. Иерархия животного мира в этой квартире сложилась следующая: кошка, дворняга, мухи, комары, микробы, Джафар. Ел он последним, спал, где разрешат. Рембо одаривал Джафара взглядом устало-властным, кошка не видела вовсе. Надо сказать, ротвейлер сразу все понял и, если мы издевательски кидали ему кусок колбасы, глотая слюни и слезы, сидел около этого куска и ждал, пока Рембо придет и съест свою часть… ну или всё. Как повезет.

Прошло года два. Джафар изменился. Он стал машиной для убийства. Огромный, мощный,

УВАЖЕНИЕ

с бычьей шеей и ледяным взглядом, он наводил ужас на всех соседей и окружных собак. Но дома ничего не поменялось. Рембо все так же заходил в кухню первым и единственным, а еле помещавшийся в прихожей Джафар покорно ждал. И если его морда вдруг проникала в кухню (просто потому, что в прихожую он весь не влезал), Рембо одним движением глаз возвращал голиафа на исходные позиции. Когда, наконец, авторитет заканчивал трапезу и покидал пределы кухни, туда с радостным грохотом несся Джафар. Со стороны это напоминало Терминатора, который бежит сто метров с барьерами, но барьеры просто проламывает. Иногда под его лапы попадалась кошка.

Визг, шипение и боязливый взгляд Джафара: «Пардон, мадам, не заметил-с».

«Мадам» придумала изощренную месть. Она садилась на стул, и когда Джафар шел мимо, просовывала лапу между спинкой и сиденьем, царапала монстра и быстро убирала лапу обратно. Изумлению Джафара не было предела.

За взаимоотношениями в данном коллективе можно было наблюдать часами, но хозяин приготовил мне особое зрелище. Мы пошли на прогулку. Рембо, в силу авторитета, без ошейника, Джафар на двойной «якорной» цепи. Как только мы вышли на улицу, Рембо тут же исчез.

— Куда это он?
— Сейчас услышишь!

Минуты через две раздался групповой лай. Голос Рембо даже я уже узнавал. Джафар натянул поводок так, что мы с Витей стали похожи на героев сказки «Репка», но сдались через полминуты и побежали за ротвейлером, еле удерживая спасительную для всей Петроградки цепь. Через несколько десятков метров мы увидели следующее: Рембо стоял в окружении трех дворовых псов и яростно рычал. Собачья братва, обступившая его, самодовольно размышляла, с чего бы начать бойню: шансов у стареющего пса было немного. Но в этом мире главное — уважение. И как говорил Абдулла, кинжал хорош для того, у кого он есть. Кстати, несмотря на быстроту происходящего, я заметил в глазах Рембо полную уверенность в исходе стычки. Это потом я узнал, что все было отрепетировано. В момент, ког-

УВАЖЕНИЕ

да трое псов уже начали покусывать Ремчика, в круг с диким лаем ворвался Джафар. От одного только рокота, исходившего из его жуткой пенившейся пасти, у бедных дворняг вжались уши. Та, что была ближе всех, взвизгнула, и все трое пустились наутек. Рембо даже не сдвинулся с места. Джафар с подростковой гордостью смотрел на старшего, но тот не удостоил его даже взглядом, а просто начал осваивать покоренную территорию.

Хозяин этой «бригады» сообщил, что данная разводка — поставленный на поток фокус. Рембо заводился, начинал возню, а потом вызывал артиллерию. И если бы не якорная цепь, то все заканчивалось бы полным беспределом. Каждый раз Рембо убегал все дальше и дальше, завоевывая новые пространства.

Джафар набирал мощь, и вскоре банда получила контроль над всем микрорайоном. Рембо старел, дряхлел и уже не всегда мог пробежать хотя бы десять метров, но до конца его дней Джафар смотрел на низкорослого, нескладного пса со страхом и уважением. Ел по команде, дышал в такт и был счастлив от того, что точно знает свое место в жизни. Место чуть пониже старой дворняги и кошки, и чуть выше всего остального мира. Когда Ремчик умер, Джафар уже стал взрослым, и вместе с этой «взрослостью» из его глаз навсегда ушел бесконечный и беспричинный щенячий восторг. Достойный и неизбежный обмен.

УТРЕННИЙ «СЕКС»

2012 год. Зима. Мой приятель Коля очнулся в лондонской гостинице после катастрофического запоя. Детали вечера он представлял смутно. Ну то есть вечер был. Это он знал доподлинно, так как если наступило утро, значит, была ночь, а перед ночью обязательно бывает вечер. Но кроме этого, он не мог вспомнить почти ничего. Да, начали пить еще в офисе, а потом кто-то достал памятестирающий девайс из «Man in black». Надо сказать, еще в студенчестве Коля удивлял товарищей по счастью. Один раз он в пьяном беспамятстве доплыл от Кронштадта (где были военные сборы у наших друзей с первого меди-

цинского) до какого-то форта рядом, там заснул, а утром пришел в ужас от предстоящего заплыва назад. В общем, пить он умел, а жить пьяным — нет. Но вернемся в Лондон.

Коле было очень плохо, ему снилась пустыня Сахара, через которую течет река из рассола, но он никак не может до нее дойти. Проснулся он как раз, когда начал погружаться в спасительную жидкость с головой. В реальности рассола не было, а Сахара была. На столе стояла бутылка с водой, но до нее пришлось бы полдня ползти, а тело Колю не слушалось. Глаза моргали по очереди, и иногда веки зависали, как у сломавшихся Барби. Дышать не хотелось, особенно выдыхать. Неожиданно рядом с подушкой прогремел взрыв. Сработал будильник на телефоне.

«Сегодня суббота, зачем я будильник поставил?!»

В голове что-то булькнуло, веки синхронизировались, дыхание нашло опору, и вдруг все остановилось: «Катя же сейчас приедет!»

Мой товарищ жил в командировках и периодически к нему в разные города наведывалась жена, чтобы захватить выходные и вместе потусить. В принципе, удивить Катю уже ничем было нельзя, но не привести себя в санитарно-приемлемый вид аристократичный Коля не мог. Он уже собрался встать, как вдруг ощутил холод в животе от неопознанного тепла рядом. В кровати был кто-то еще.

Коля замер и решил не оборачиваться.

«Нет, нет, нет, я не мог кого-то притащить, зная о приезде Кати, я же сейчас ничего не помню, но ночью-то я соображал».

Мораль моего товарища прогибается под изменчивый мир, но вот воспитание — никогда.

По Колиным расчетам, у него было минут двадцать убрать девушку из номера. Параллельно он пытался вспомнить, кто бы это мог быть. Свои? Ну, теоретически, да. Двое из лондонского офиса его банка еще днем заявляли, что сегодня уйдут вразнос. Официантка из русского ресторана? Менее вероятно, но возможно. Они зашли туда на ужин всей компанией, и это он помнил. Он мог позвонить после ее смены. Усилием воли Коля заставил себя вспомнить, как попал в гостиницу. Все кричали, он с кем-то целовался, а вот с кем он зашел в сам отель, нейроны не рисовали.

УТРЕННИЙ «СЕКС»

Неожиданно раздался стук в дверь.

Коля решил спрятаться под одеяло и вообще оттуда не выходить никогда. Ему стало очень страшно, как и любому мужчине, которому светит роль заслуженной скотины. Он живо представил себе, как Катя дает ему по лицу, как кричит: «Я ж просила делать все так, чтобы я ничего не знала». Бежать было бессмысленно, попытаться соврать — тоже. Решил сказать полную правду: напился до беспамятства, рядом тело, и он не знает, чье оно. И еще он подумал, что если жена простит его, то это будет последний загул. В принципе, Коле не так нужен был секс, как ощущение первого свидания, какого-то юношеского азарта, пинг-понга ледяным шариком, который таял быстрее, чем игра заканчивалась. Но так как юношей Коля уже не был, то убирать секс из программы ему казалось оскорблением по отношению к партнершам. В общем, он искренне полагал, что иначе он девушку обидит. В эти доли секунды между первым и вторым стуком, когда мысли проносились в Колиной голове со скоростью света, вышеуказанная мотивация показалась ему наиглупейшей, да и игра перестала выглядеть такой уж захватывающей в сравнении с реальной перспективой потерять жену или серьезно испортить с ней отношения. В общем, с кровати, шатаясь, поднялся новый человек, адепт морали, трезвости и семейных ценностей.

Он встал и пошел на амбразуру голый телом и чистый душой. Неожиданно из-под одеяла недовольный женский голос пробурчал:

«Пусть они номер потом уберут. Дебилы, что за привычка по утрам в выходные людям спать не давать»

Голос Коля узнал. Он принадлежал его жене.

Глаза его снова стали моргать несинхронно, колени подкосились. Коля икнул. Затем он автоматически подошел к двери, открыл, посмотрел полумертвыми зрачками на горничную, покачал головой, закрыл дверь и залез обратно под одеяло.

— Катя, а ты что здесь делаешь? — Откуда-то издалека прокаркал незнакомый Коле голос.

— Господи, как же от тебя разит, я время перепутала и приехала раньше, взяла ключ, я же жена твоя, как-никак, решила тебя не будить и легла спать.

УТРЕННИЙ «СЕКС»

Колино лицо, судя по всему, было настолько перекошенным, что Катя начала смутно догадываться.

— А ты думал, ты с кем спишь?

— А я вообще ничего не думал, я не могу думать уже часов десять последних, я еще посплю, а потом сразу умру.

Коля проглотил бутылку с водой, залез под одеяло, еще раз посмотрел на свою жену, убедился, что это точно она, поклялся не пить больше никогда и уйти в разрешенный семейным кодексом монастырь.

Клятву он ни одну не сдержал. Люди не меняются. Это и хорошая, и плохая новость.

ЦАРАПИНА

КАК ВСЕГДА, ТРАГИКОМЕДИЯ О ЛЮБВИ С ВЫСОКОДУХОВНЫМ ФИНАЛОМ

Обсуждали тут с коллегами CRM. Кто не знает, это система работы с клиентом, когда ты знаешь о нем всё, а информацию собираешь покруче товарищей с Лубянки. Вспомнил чудесную историю времен моего доблестного безделья у Дениса Белова. Год 2004-й. Мы продавали одежду и т.д. Дорого. Я гордо значился бренд-директором всей группы компаний, и в том числе отвечал за выращивание и поливание клиентов.

Однажды в какой-то из бутиков пришел потенциальный плодоносящий кактус. Мне сообщили о подозрительном на деньги субъекте, я провалился из офиса в зал и начал обхаживать. Товарищ

без удивления рассматривал костюмы по пять тысяч долларов, чем подтверждал результаты первичного диагноза, поставленного продавцом.

В общем, он кое-что выбрал, я с ним разговорился, кактус был уже почти в горшке, и мною было предложено заполнить карточку клиента, чтобы получать от нас информацию о скидках, бонусах и поздравлениях с удачно сданными анализами, так как о них мы будем знать всё.

Иван Иванович Шнеерсон (звали его не так, но ключевая интрига ФИО сохранена, имя-отчество — русские, дублирующие друг друга, фамилия — богоизбранная) при словосочетании «карточка клиента» изменился в лице, как будто я следователь и предложил ему заполнить явку с повинной. Через пару месяцев, после очередной покупки, из беседы с Иван Ивановичем стала известна причина такой метаморфозы.

Наш герой был добротный еврейский муж. Два экзистенциальных «никогда» бесконечно бунтовали в его голове, но победить их не представлялось возможным. Он бы никогда не бросил жену и никогда бы не смог оставаться окончательно верным. Отсюда переживания, расстройства желудка и провалы в тайм-менеджменте. Более того, г-н Шнеерсон входил в тот мужской возраст, когда временных подруг ночей суровых уже бессовестно было бы удерживать только голым энтузиазмом. Ему было около пятидесяти.

Подозрения, что он не Ален Делон и тем более не Рон Джереми, посещали его всё чаще, и ощущение несправедливости по отношению к своим любовницам Иван Иванович «заливал» подарками, но вел в голове невидимый баланс всех этих пожертвований, чтобы всё более-менее поровну, а главное, чтобы общая сумма поступков и реальных денег хоть как-то соотносилась с его оцифрованной любовью к жене. Интеллигенция.

Баланс этот видели только сам г-н Шнеерсон и его совесть. Остальные участники данного невидимого документа убили бы его автора, знай, что они в таком неоднозначном списке.

Проведя очередную сверку, Иван Иванович повез г-жу Шнеерсон в Милан. Причем не как обычно на распродажу, а прямо-таки в сезон. Ноябрьский Петербург уже грязно белел, а в Милане тепло, красиво и дорого.

Ольга Сергеевна с пониманием относилась к особенностям фамилии Шнеерсон, а проявление щедрости так вообще воспринимала как неожиданный луч солнца в том же самом ноябре.

Заходит наша семейная пара в модный бутик. Ольга Сергеевна налегке, а Иван Иванович на изрядном «тяжеляке». Его давят бесконечные пакеты и страх окончательной суммы.

— Я сумку, и всё.

Сумку выбрали быстро. Иван Иванович протянул карту и паспорт для оформления tax free.

Русскоязычный продавец покопался в компьютере и отрубил г-ну Шнеерсону голову:

— Ну как вам покупки, которые вы сделали в сентябре, всё понравилось?

Голова Иван Ивановича покатилась из магазина, но на ее месте, к несчастью, выросла новая, и прямо на нее смотрели красные бесчувственные окуляры Терминатора Т-800 по имени Ольга Сергеевна.

— А я не знала, что ты был в Милане в сентябре!

Иван Иванович проглотил утюг, пакеты стали в десять раз тяжелее, мозг отчаянно пытался найти выход. Выход был найден в молчании, прерванном вопросом Т-800 продавцу:

— Вы ничего не путаете?

Г-н Шнеерсон читал про йогов, передачу мыслей, и вообще, смотрел «Матрицу», как там граф Калиостро ложки гнул. Он собрал все свои извилины в копье и метнул его в мозг продавцу. Оно со свистом пролетело в пустой голове исполнительного товарища, который сдал Ивана Ивановича со всеми органами:

— Нет, нет, у нас же система, вот, был шестнадцатого сентября, купил две женские сумки.

Утюг в животе заботливого любовника начал медленно, но верно нагреваться.

— Какая прелесть! Если я не ошибаюсь, в сентябре ты летал с партнерами в Осло, на какую-то встречу.

Изнутри г-на Шнеерсона запахло жареным. Как, впрочем, и снаружи.

— Хотел сделать тебе сюрприз и заехал, пока были распродажи, чтобы купить подарки на Новый год тебе и Сереже (сын). Ну и стыдно стало, что экономлю, не стал тебе говорить.

Смотреть на Ивана Ивановича было очень больно. Он из последних сил играл человека, стыдящегося своей жадности. В сентябре он и правда был в Милане, и правда из жадности. Одна из его пассий была выгуляна по бутикам, так как в балансе г-на Шнеерсона на ее имени значился zero.

— Ванечка, как трогательно, что ты настолько заранее озаботился.

Иван Иванович выдохнул. Ольга Сергеевна вдохнула:

— У меня только один вопрос, а зачем Сереже на Новый год женская сумка?

Остывающий утюг вновь раскалился.

«И правда старею», — подумал про себя гений махинаций.

— Я ее Оле купил (девушка сына).

— И где они сейчас, эти щедрые подарки?

— В офисе, и, кстати, это, конечно, только один из подарков, просто безделушка.

Счет Ивана Ивановича был большой, но очень чувствительный. Как и сердце. Оба в этот момент расчувствовались.

— Ванечка, Новый год в этом году для тебя настает сразу, как мы вернемся. Чего ждать? Молодой человек, а покажите, пожалуйста, какие сумки купил мой муж.

ЦАРАПИНА

— Одной уже нет, а вторая вот, — пустоголовый продавец продолжил сотрудничать с полицией и указал на какой-то зеленоватый кошмар.

— А это кому, мне или Оле? — спросил Терминатор, внимательно изучая болотного цвета изделие.

Сумка была не только бездарна, но, как говорят, чуть менее, чем самая дешевая в данном магазине. Именно сумки Иван Иванович купил тогда сам, как бы сюрпризом, пока его временное развлечение грабило «Габану».

— Оле, — промямлил Иван Иванович.

— Хорошего ты мнения о ее вкусе. Интересно, что ты мне купил? Спасибо, — обратилась Ольга Сергеевна к продавцу, — пойдем.

Из Милана семейная пара должна была поехать во Флоренцию и потом домой в Петербург. Ивану Ивановичу вживили чип и посадили на цепь сразу при выходе из бутика «Prada».

Он вырвался только в туалет, позвонил помощнице и сказал срочно позвонить в бутик, визитку он взял, найти идиота продавца, отложить чертову зеленую сумку, прилететь в Милан, купить ее и еще одну на выбор помощницы, но подороже, снять все бирки и чеки, срочно вернуться и положить все это ему в шкаф в офисе.

Ошалевшая помощница видела и слышала всякое, но такое несоответствие мышиного писка своего шефа и сути вопроса она понять не могла. Тем не менее утром следующего дня рванула в Милан и исполнила все указания.

Двадцать восьмого ноября, в Новый год, Иван Иванович вручил своей жене темно-синюю сумку, внутри которой лежали серьги с сапфирами. Большими незапланированными сапфирами. Также он передал Сереже сумку для Оли и конверт самому сыну. Ольга Сергеевна еще раз посмотрела на безвкусный подарок и скептически покачала головой.

Вечером Т-800 примерил серьги.

— Дорого?

— Ну да... — взгрустнул Иван Иванович. Исключительная порядочность в своей беспорядочности обошлась нашему герою в сумму, убийственную для рядового российского Ивана Ивановича и ментально неприемлемую для абсолютно любого Шнеерсона.

ЦАРАПИНА

— За все, Ванечка, нужно платить, особенно за доброе сердце... пороки и слабости. Хотя не могу не оценить твои находчивость и оперативность. Знаешь, я тобой просто восхищаюсь. Ведь можешь, когда хочешь, все очень быстро решить.

Утюг начал оживать, слюна застряла в горле, так как Иван Иванович боялся ее слишком громко проглотить. Он не понимал одного. Кто же его сдал...

— Не бывает двух зеленых сумок с одинаковыми царапинами, не бывает, — сказала с доброй улыбкой умная женщина.

ДИАГНОЗ
РУБРИКА «ЧЕМ БОГ ПОСЛАЛ» (ИМЕЕТСЯ В ВИДУ, САМ ТАКОЕ НЕ ПРИДУМАЕШЬ)

Итак, у знакомой стала болеть голова. Не в смысле, что ей опостылел супружеский долг, а реально начала гудеть, даже во время исполнения оного.

Русские люди делятся на две категории: идут к врачу до того, как надо, или после того, как надо. Вовремя не умеет никто, отсюда все проблемы. Через месяц приема обезболивающих у девушки появилась мысль, что цитрамон не сдюжил.

Выбрала она модную клинику. Чуть ли не главный врач выслушала все в подробностях и предложила немедленно переместиться

в морг, сделав, конечно, для успокоения души МРТ. Дескать, понятно, что опухоль, помочь уже ничем нельзя, поэтому готовьтесь. Но если денег не жалко, можно получить фактические подтверждения.

Несмотря на административный ресурс МРТ показала, что опухоли нет. Завещание, из-за которого уже все успели переругаться и приобрести язву, было торжественно сожжено.

Осознав, что придется лечить, гуру выписала направления во все кабинеты клиники, кроме щитовой и серверной.

После трех месяцев анализов, приемов — врачей и таблеток, посещения процедур и сеансов список лекарств, необходимых для ежечасного употребления перестал помещаться в outlook календарь, а общий счет за карусель составил более трехсот тысяч пусть уже никчемных, но все-таки рублей.

В итоге коллектив клиники, включая сисадмина, пришел к неутешительному выводу. Диагноза нет. Результата нет. Больной тем не менее жив.

История закончилась в кабинете, в котором и началась.

ДИАГНОЗ

Пролистав результаты всего и вся, женщина выпуска середины прошлого века, с научными и административными регалиями, вызывающими дрожь во всем квартале, надев посмертную маску Гоголя, заявила следующее:

— А я знаю, что с вами.

Голова пациентки от любопытства перестала болеть и превратилась в одно большое ухо.

— И что же?

— Вы только серьезно отнеситесь к моим словам.

До этой неординарной рекомендации знакомая, разумеется, относилась ко всему несерьезно.

— Я думала, думала и, знаете что...

В ожидании катарсиса даже снег на улице остановился и прислушался.

— Сглазили вас!

Конец фильма.

P.S. Голова вскоре прошла.

P.P.S. Я вот думаю, с рублем та же беда. Сглазили его.

МЕЧТА

Мне кажется, прекрасно стать исполнением чьей-то мечты.

ПРОЛОГ

Общался я тут с одной содержательной руководительницей. После обсуждения скучных дел перешли к ностальгии и подготовке к пенсии. Отмечу, что собеседница сурова, умеренна и благопристойна.

В связи с этим я «надел» на речь фильтр и в основном разглагольствовал о том, что с возрастом уже не каждую выставку хочется посетить и Гегеля проглатываешь не за день, как раньше.

«Александр, дело не возрасте и не в отсутствии желания жить ярко, а исключительно в количестве сил. Вот в юности: пьешь семь раз в неделю и секс три раза в день. А сейчас из-за работы просто уже сил не хватает».

Я поперхнулся и подумал о том, что моя, как мне казалось, бурная молодость в таком случае вообще зря прошла.

А вот некоторым есть что вспомнить.

ОСНОВНАЯ ЧАСТЬ

Однажды мой товарищ Кирилл влип. Мы были знакомы по даче, в городе общались реже, поэтому, встречаясь летом, начинали беседу с сочинения: «Как я провел зиму».

Последнюю школьную зиму мы провели тяжело. Все готовились к поступлению, пытаясь втиснуть между тусовками репетиторов и подготовительные курсы. Некоторые еще и любовь пробовали запихать в это расписание. Ну как любовь. Похотливые пробы пера.

Кирилл обгонял нас всех в развитии и еще в прошлое лето рассказывал о прелестях легкой эротики. От зависти мы как могли пытались исключить его из наших рядов, так как слушать о живой женской груди было невыносимо, на рыбалке особенно. Ну представьте. У тебя клюет. Ты мечтаешь о леще. А тут «а вот, если еще и попросить ее…» Теряешь сознание и леща. Обидно вдвойне. А самому сказать нечего. За одиннадцатый класс мне кое-как наскреблось чем ответить, и я ждал каникул, чтобы, наконец, умножив все, что было, на три, заткнуть ненавистного соседа.

Кирилл прибыл мрачный. Мы сели в лодку, достали сигареты «ВТ», я блеснул «зиппой», утопленной моими кривыми руками уже через день, и поделился своим опытом сатанинского петтинга.

— Ну а ты как?

— Да на прошлой неделе родители запалили меня дома, такая разборка была, как будто я трахался с нашим попугаем. Мать орала, что я животное и что она не потерпит шлюх в своем доме. Отец хоть молчал, и то хорошо.

После слова «трахался» я сразу понял, что могу свои невинные истории свернуть в трубочку и скурить, и вновь превратился в слушателя.

— А с кем запалили-то и как?

— Да с химичкой нашей.

Мне захотелось немедленно утопиться. Именно утопиться. Потому что убийство Кирилла ситуацию бы не спасло. Он бы и из-под воды смотрел на меня с презрением и снисхождением.

Оставалась последняя надежда на то, что химичка старая и, соответственно, страшная. У нас была в школе учительница английского. Мы обожали дискутировать на тему «Неужели и в таком возрасте она кому-то нужна?». Старухе было тридцать шесть. Сейчас, смотря на фотографии, могу ответственно заявить: «Мне бы — да».

Наскоблив внутри равнодушия, я спросил:

— Сколько лет?

— На грани. Двадцать пять.

«Сука, сука, сука и сволочь!!!!» — это были мысли.

— Если симпатичная, то можно, — это были слова.

— Симпатичная!

— А случилось-то что? — Я начал мысленно изготавливать куклу вуду.

МЕЧТА

— Родаки уехали в Ригу и с какого-то хрена вернулись раньше. В самый разгар, прикинь, заявились. А мы так шумели, что на лестнице слышно было. У нас же дверь, считай, картонная. В общем, говорить, что химию учили, было без понту. Знаешь, мама так ее обзывала... Я не думал, что она слова такие знает... Сказала, что всю жизнь ей сломает, по судам затаскает. Я за химичку так волнуюсь теперь, ну в чем она виновата...

— И что теперь будет?

— Я пытаюсь маму уговорить, что я сам виноват, что инициатива моя, что химичка ни при чем, но чего-то пока бесполезно.

— Может, отцу с ней поговорить?

— Он сказал, что я для мамы — самое дорогое и ей нужно время, чтобы понять, что я вырос и в моей жизни могут быть другие женщины, и чтобы я не принимал близко к сердцу такую ее реакцию. Я задумался. А ведь правда, я же у нее один, и какая-то другая женщина в тот момент для меня важнее, чем мама. Я просто не думал об этом, наверное, папа прав. Так что я, пока мама не привыкнет к тому, что я взрослый, не буду ей особо ничего рассказывать. Папа, конечно, офигенный, так быстро мне все разложил. Тоже переживает за нее.

Я согласился с мудрым мужиком. Ведь действительно, это же практически ментальный слом для матери: мальчик больше не только твой. Вспомнил о своей маме. Распереживался… Как все-таки здорово, когда отец тонко чувствует отношения матери и сына. И правда, папа у Кирилла крутой.

Через неделю Кирилл, стоя у картонной двери, услышал, как мама кричит его отцу:

— Не принимать близко к сердцу! Успокоиться?! Эта шлюха сначала тебя трахала, а теперь Кирюшеньку!

Это был последний гвоздь в мои новые комплексы неполноценности. Я запил.

P.S. В какой-то из летних вечеров Кира, глотнув газированного разбавленного спирта, сообщил, что наконец понял, почему химичка после первого раза сказала, посмотрев на их фотографию с отцом, что он исполнил ее заветное желание. Мы еще отхлебнули адского пойла из дачных чашек с отбитыми ручками и согласились, что женщина тоже имеет право на мечту.

АЛЕКСАНДР СНЕГИРЁВ

ДВУХСОТГРАММОВЫЙ

Их привезли в черном полиэтиленовом шаре. Несколько мусорных мешков вложили один в другой, накачали воздухом, наполнили водой, обмотали скотчем. Планета, упакованная для переезда.

Запыхавшийся мужик бухнул шар на пол. Беззубый повар Семен полоснул ножом, а его помощник таджик Халмурод ловко прихватил расходящийся, оседающий полиэтилен. Из раны потекла вода. Семен расширил надрез, стал зачерпывать сачком и перекидывать в пластиковую ванночку. В точно такой же он купал своего сына-дошкольника.

ДВУХСОТГРАММОВЫЙ

Рыбы не трепыхались. Плюхались на бок и плавали. Когда Семен перегрузил всех, воду из мешка слили, а мешок скомкали.

— Опять передохли, — заметил Семен.

Доставщик виновато кусал воняющие пепельницей усы.

— Трудно контейнер для перевозки купить? — задал регулярный вопрос Семен.

— Заказы у вас маленькие, — привычно буркнул доставщик. — Дорого выйдет контейнер гонять. Отопьются.

Доставщик съел на ходу булочку, которой его угостила посудомойщица Нина, и уехал. Генератор кислорода вырабатывал пузыри, но рыбины плавали на боку и не отпивались.

— Вылавливай — и в отходы, — скучно бросил Семен Халмуроду.

И хоть такое происходило постоянно, Семен был зол: он любил рациональность. Заказывал продукты точно, будто знал, сколько гостей придет в ресторан и чего они пожелают. Хозяин называл Семена ясновидящим — у него никогда не пропадало съестное, овощи не прокисали, мясо не заветривалось, хлеб не плесневел. Гибель рыбы по нерадивости поставщиков ранила Семена. Он не страдал, когда заживо варил камчатских крабов и дальневосточных креветок, но, если им доводилось издохнуть из-за поломки аэратора в аквариуме или утратить потребительские свойства оттого, что вовремя не сменили воду, он впадал в бешенство и депрессию. Семен отличался страстным характером, на левой груди имел свастику, на правой Сталина, а спину его украшала Дева с младенцем. Если его спрашивали, чем вызван столь необычный выбор нательной графики, он не мог ничего ответить. У Семена была сложная душа.

На прошлом месте работы Семен поколотил ночного охранника, по недосмотру которого погиб целый выводок лобстеров. Охранник обиду не забыл, позвал своих и подстерег Семена после смены. Семен потерял три передних резца, а в трудовую влепили «уволен по собственному желанию». Он сделался осмотрительнее: импульсивности не умерил, а как-то сник, продолжая ругать разгильдяев, но держа кулаки в карманах.

Халмурод пинками придвинул к ванночке большой пластиковый бак и принялся швырять в него рыбин.

ДВУХСОТГРАММОВЫЙ

— Живой! — вздрогнул Халмурод, с испугом отдернув руку. Когда имеешь дело с трупами, начинаешь бояться живых.

На крик Халмурода сбежались все. Семен, посудомойщица Нина, кондитер и оказавшийся на кухне официант.

— Живой! — сначала тупо, затем гордо повторял Халмурод, как будто сам был причастен к воскрешению мелкой некалиброванной двухсотграммовой рыбки.

Рыбка потрепыхалась недолго и под взглядами восхищенных чудом людей приняла нормальное положение брюхом вниз и скоро уже бойко шныряла туда-сюда по скудной акватории ванночки.

— Одноглазый, — заметил Семен.

Один глаз у двухсотграммового и в самом деле был смазан.

— Башка здоровая. Самец, — сказал Семен, как когда-то, увидав впервые своего свежерожденного первенца.

В тот же день усатый доставщик привез новую партию крупных, одна к одной, трехсотграммовых рыбин, большая часть которых выжила, только две не отпились. Покидав всех в парадное ведерко, рыб вынесли в зал, где стоял аквариум, и перегрузили в пузырящуюся кислородом, специально охлажденную воду.

Двухсотграммовый стал всеобщим любимцем, предводителем аквариума. Он хватал за хвосты самок, расталкивал самцов. Семен, Халмурод и Нина в ранние часы и после закрытия подходили к аквариуму с лакомством, сбереженным специально для двухсотграммового: вареной креветкой, печеньем или недоеденным кусочком мяса. Два работающих посменно метрдотеля и все официанты, проходя мимо аквариума, стучали в стекло, подзывая двухсотграммового грубовато-ласковыми именами.

Двухсотграммовый подплывал к стенке аквариума, тыкался в стекло и вроде как слушал сюсюканье работников ресторана. Хватая лакомства, он выпрыгивал из воды и, бывало, прихватывал благодетеля за палец и даже повисал на нем. Такими трюками он вызывал умиление и восторг, пусть даже из пальца потом текла кровь.

Стоит ли говорить, что, когда кто-нибудь из гостей изъявлял желание отведать свежей рыбки,

ДВУХСОТГРАММОВЫЙ

двухсотграммового не трогали. Сачок зачерпывал любую другую форель или стерлядь. Халмурод тащил бедолагу на стол к Семену, тот оглушал ее и потрошил. На смену съеденным рыбинам усатый доставщик прикатывал новые двойные полиэтиленовые шары, откуда вылавливали стаи полумертвых новобранцев, которых заботливо сваливали в прохладную аэрированную воду, чтобы выходить и запечь в соли, в фольге или просто на решетке. Двухсотграммовый воспринимал частую смену аквариумного коллектива спокойно, быстро осваивался с новичками и скоро гонял их, как и предшественников.

Однажды в неурочное время, за минуту до закрытия, в зал ворвался Виктор Николаевич, хозяин. Накануне он впервые отведал стимулятор кровообращения на основе алтайских трав, которым его деликатно угостила начавшая томиться молодая любовница. Теперь Виктор Николаевич все еще пребывал в некотором перевозбуждении. Он пожал руки официантам, чего раньше никогда не случалось, похлопал по плечу Семена и даже справился, как поживают кошки посудомойщицы Нины.

— А это что за шибздик? — спросил Виктор Николаевич про двухсотграммового, который патрулировал аквариум в одиночестве.

Доставщика свежей рыбы ждали только следующим утром.

— Мелочь, не берет никто, — ответил Семен, почувствовав себя ребенком, притащившим в дом безродного щенка. Прятал, кормил, и вот щенка обнаружили взрослые.

— Ну так в салат нашинкуй, — возмутился Виктор Николаевич несообразительности повара.

— Что с него возьмешь, одни ошметки. Он у нас талисман. Аквариум нельзя пустым оставлять — плохая примета. — Семен удивился своей находчивости.

— Плохая примета? — задумался Виктор Николаевич. — Тогда пусть.

Сменилось множество поколений форелей и стерлядей. Виктор Николаевич, приободренный алтайским зельем, вложился в молодую любовницу — подарил грудь, брекеты и «ровер-мини». Наступила календарная весна со снегопадами и морозом, сменившимися таянием и цветением. Одним солнечным днем в кон-

ДВУХСОТГРАММОВЫЙ

це апреля, в четверг, в обед, когда от очередной партии форелей и стерлядей остались лишь небрежно обглоданные скелеты, сложенные Ниной в пакетик для кошки, а двухсотграммовый рассекал опустевшую воду, в ресторан зашел одинокий господин.

Элегантный, моложавый, створки челюсти немного разведены на северокавказский генетический манер, губы пухлы вполне по-славянски, туманный взгляд цепких глаз говорил скорее о внутренней сосредоточенности, нежели о рассеянности. Такие глаза могли мгновенно сконцентрироваться и вцепиться не хуже зубов двухсотграммового. Обслуживать гостя отправили официанта-новичка Петю.

Петя оттарабанил заученные рекомендации от шефа, упомянул новые поступления в винный погреб и не забыл о супе дня. Гость терпеливо выслушал эти рулады, выдав в себе человека, имеющего опыт обращения с прислугой, и, дождавшись их окончания, заказал гребешки. Услышав про гребешки, Петя спросил, не желает ли гость свежей рыбы. Почему он предложил рыбу, когда заказ был уже сделан, Петя потом объяснить не мог. Гость задумался, заскучав как будто от навязчивой услужливости, и согласился.

Двухсотграммовый пересекал аквариум обычными стремительными рывками. Доставщик застрял в пробке. Петя ввел пункты заказа — салат с рукколой, минеральная вода без газа и запеченная на решетке форель — в кассовый компьютер.

Через полминуты из кухни выглянул Семен и поманил Петю:

— Ты пробил форель на третий стол?

— Я.

— Ты же знаешь, у нас нет форели.

— А этот? — Петя указал на двухсотграммового.

Двухсотграммовый погнался за солнечным зайчиком, отскочившим от часов Пети, доступной копии дорогих швейцарских. Скучающий взгляд гостя задержался на высунувшемся из кухни Семене. Тот глянул с отпором, но гость перевел сонные глаза на стены в узорах и дальше в окно.

Парадные двери распахнулись и впустили хозяина. Виктор Николаевич шел порывистыми шагами не желающего стареть пятидесятишести-

ДВУХСОТГРАММОВЫЙ

летнего мужчины, которому перестали помогать алтайские травы и от которого сбежала любовница, не вернув два кольца, кулон и «ровер-мини». О груди и брекетах и говорить нечего.

— Почему стоим, не работаем?!
— Передаю заказ... — промямлил Петя.
— А компьютер на что? Какой заказ?
— Форель...
— Ну так взял сачок, выловил, разделал, приготовил, подал!

Виктор Николаевич оттолкнул Петю, Семена, ворвался на кухню, напугав Нину, поедающую казенную булочку, схватил сачок и парадное ведерко, молниеносно вернулся в зал и подскочил к аквариуму.

Двухсотграммовый избежал сетки рывком в правый нижний угол. Виктор Николаевич дернулся за ним. Двухсотграммовый обманным маневром снова ушел от погони. «Стервец. Поганец. Ушлая тварь», — повторял хозяин слова, которые двухсотграммовому регулярно приходилось слышать с тех пор, как его поселили в аквариуме. Только раньше его под эти слова кормили. Теперь хозяин, обмакивая манжеты рубашки и рукава пиджака, гонялся за ним с сачком.

Поймать двухсотграммового не удавалось. Виктор Николаевич отсидел за фарцу, в девяностые начал бизнес, содержал ленивую жену, мудаковатого подростка-сына, двух капризных лярв-любовниц — теперь, впрочем, одну, — не имел мизинца на правой руке и недавно взял новый «бентли». Он не привык сдаваться. Он снял пиджак, закатал мокрые рукава и принялся охотиться с удвоенной свирепостью. Но недаром двухсотграммовый все это время тренировался; каждый раз, когда сачок вот-вот должен был опутать его, он ускользал, дразня побуревшего сквозь солярный загар, замочившего в воде галстук и всю грудь преследователя.

Сорванный с креплений генератор кислорода захлебывался на посыпанном цветным песочком дне, вода бурлила ошметками чешуи, гость меланхолично наблюдал ловлю своего обеда.

Виктор Николаевич взгромоздился ногами на стул, на который и садиться-то позволялось не каждому, и голыми руками стал обшаривать аквариумные глубины.

ДВУХСОТГРАММОВЫЙ

Надо отметить, что руки у Виктора Николаевича — при лютой внешности — были женские. Телу из мяса и жира были отпущены изящные кисти, тонкие пальцы и удлиненные ногти, которые хозяин полировал у маникюрши. Обрубок мизинца не портил вида, а, напротив, придавал пикантности. И этими эльфийскими перстами Виктор Николаевич силился сграбастать двухсотграммового. Семен, Халмурод и Нина давно покинули кухню и наблюдали за поединком.

— Есть! — заорал хозяин.

Видимо, вопль возвещал о поимке, но установить это доподлинно не удалось — в следующий момент Виктор Николаевич покачнулся и упал, а на грудь ему опрокинулись десятки литров воды в стекле.

Выстрел и плеск.

Сотрудники ресторана бросились к месту события; сонный гость тяжело вздохнул.

***

Врач «скорой» определил у Виктора Николаевича перелом ребер и травму грудной клетки с возможным повреждением внутренних органов. У двухсотграммового обнаружилась глубокая рана в боку. Гость ушел обедать к конкурентам через дорогу. Петя вместе с уборщицей Гулей принялись собирать осколки. Семен понес двухсотграммового на кухню и положил своего друга на разделочный стол.

Единственный целый глаз смотрел на Семена.

Семен отрезал двухсотграммовому голову, вспорол брюхо, выпотрошил, очистил, промыл, смазал маслом. Траурным венком легла веточка фенхеля. Семен уложил двухсотграммового на решетку гриля. Голову Семен отправил в кастрюлю, залил водой, добавил укроп, морковь, картофель и поставил на плиту.

Через тридцать минут Семен разлил уху по тарелкам Халмуроду, Нине, уборщице Гуле, метрдотелю и официанту Пете и дал каждому по кусочку ужарившегося, некогда двухсотграммового тела.

Сентиментальной, верующей посудомойщице Нине показалось, что кушанье обладает особенным нежным вкусом. Однако часть доставшегося ей кусочка горчила, желчь пролилась, и сколько Нина ни убеждала себя в исключительных, едва

ДВУХСОТГРАММОВЫЙ

ли не сверхъестественных качествах поедаемой плоти, горечь давала о себе знать до тех пор, пока Нина не прополоскала рот. Новичок Петя съел свою порцию уважительно, заглаживая оплошность, ему в этом коллективе работать, он планировал взять кредит на «Опель Корса»: девушка ясно дала понять, что не может строить отношения с тем, кого не уважает, а как можно уважать пешехода? Гуля съела потому, что никогда не отказывалась от бесплатной еды. Метрдотель съел, потому что другие ели, а он не хотел, чтобы думали, мол, занесся. Семен просто и обыденно обглодал голову, он не прислушивался к своим чувствам и не искал в трапезе высшего смысла, просто грех выкидывать. И один только Халмурод, который до этого был безоговорочно верен плову, с удивлением обнаружил, сколь вкусной, нежной и питательной может быть рыба. С того дня он решил хоть раз в неделю позволять себе мороженую треску, громоздившуюся ледяными сгустками в холодильнике ближайшего к месту его фактического проживания магазина.

— Очень вкусно, не помню, когда последний раз форельку свежую кушала, — сказала Нина.

Семен сложил остатки в пакет для Нининой кошки.

Дверь служебного входа распахнулась, явился доставщик с напарником. Охая и пыхтя, они волокли зеленый сундук-контейнер.

— Рыбку заказывали?! — прохрипел доставщик, воняя усами. Его так и распирало от гордости.

Тяжело дыша, доставщик откинул люк. В черной воде ютились отборные полукилограммовые. Одна к одной. Все живые.

КРАСНЫЕ ПОДОШВЫ

Жена вышла из душа распаренная. Мокрые волосы, розовая кожа.

Он к ней, она ни в какую. Он на второй заход, а она как начала. Мол, пусть не мешает собираться. Сам бездельник и ей работать не дает. Ей выходить, а он ее тискает. Лучше бы подбросил. Хотя куда ему — его же прав лишили. А он рад: по вечерам пьет, по утрам дрыхнет, а в остальное время только и думает, как бы к ней пристроиться. А она ради семьи разрывается, маникюр вон весь облез, туфли износились, а новые купить некогда.

И еще много разных обидных слов.

КРАСНЫЕ ПОДОШВЫ

Сначала он улыбался, потом улыбался и делал вид, что критикой его не проймешь, а потом стал требовать повторить.

— Повтори, что ты сказала.

Мол, если все так плачевно, если она с ним прозябает, если их чувства раздраны несвежим маникюром и раздавлены стоптанными туфлями, то надо прекращать это взаимное страдание, не откладывая, и он уходит прямо сейчас.

И она повторила.

Весьма доходчиво. Душ не размягчил ее нрав.

Повторила, но лазейку оставила.

Выходило, что он, конечно, бестолочь, лентяй и психически неуравновешенный, но пользу приносит: например, оплачивает квитанции. Пускай ее деньгами, но все же. Она ненавидит бумажки, и для нее это спасение. А еще с ним в постели не скучно.

Одним словом, замяли, но огонек тлел. И чтобы огонек этот не сжег их семейные узы и в первую очередь его самого, он решил его затушить — повидать другую. Взял из заначки сколько было и пошел. Да и вообще он соскучился по другой, не виделись с весны.

Другая жила с престарелой, но сохранившей тонкий слух бабусей, весьма щепетильной. Рассчитывать на взаимность в этой обители нравственности не приходилось, и он решил заманить другую в уютный романтический отельчик. Даже проявил предусмотрительность — справился заранее о наличии свободных номеров.

Она сделала крюк, чтобы его подхватить. Только он уселся рядом на пассажирское, как она, пошарив на заднем сиденье, нащупала картонный пакет, сунула ему и велела выбросить в урну.

Зная ее натуру и вовсе такому обращению не удивившись, он выставил ногу на тротуар, но тут она закричала:

— Стой!

Вырвав из его рук пакет, в котором он успел заметить обувную коробку, она всучила ему другой, похожий, набитый пустыми бутылками и упаковками от женских средств гигиены.

Он выбросил, они тронулись.

На дорогу она смотрела изредка, все больше на тачскрин. Вела переписку и увлечена была чрезвычайно. Даже какое-то наигранное увлечение демонстрировала. Как ребенок, напоказ погруженный в учебник. Его она слушала вполуха и на вопросы отвечала как бы нехотя.

Они общались таким образом три или четыре светофора, после чего он раскрыл ей свой интерес.

Что тут началось…

Да ни за что.

Да у нее уже почти год жених и никто, кроме него, ей не нужен.

Она просто не может ни с кем, кроме него.

Было тут, правда, недели две назад…

Он вспомнил, что недели две назад она ему писала, а у него с женой был как раз хороший период, и он отказал. Значит, кто-то другой согласился.

И вообще, о каком почти годе верности жениху она говорит, если еще в марте, когда бабусю удалось упечь в санаторий, она позвала его на бокал шампанского, а потом провожала до лифта голой?

Все эти очевидные и логические аргументы он, однако, приводить не стал. Она тем временем предложила просто поговорить. Ее смартфон булькал. Улыбаясь, она мазала его пальцем.

«Поговорить» означало послушать ее. И он стал слушать.

Она любит читать. У нее целый список книг, которые она планирует прочитать уже три года, но все никак не подступится. А читать еще бабуся приучила. В детстве она водила ее в церковь и даже записала в церковно-приходскую школу. А когда она из той школы выпустилась, то первым делом решила потерять девственность. И обалдела, как же это круто.

Он потянул руку к ее большому лифчику, но получил отпор.

Она принялась жаловаться. Машина старая, вчера сгорела последняя фара, заправиться толком не на что.

— Увидишь заправку, останавливайся. Зальем полный бак, — вклинился он, удивившись себе.

Она впервые за вечер посмотрела ему в глаза.

— Ты хочешь оплатить мне полный бак? Это дорого, литров пятьдесят.

Он кивнул. Бензин — прекрасный подарок для любовницы: сгорел — и забыли.

Поглядывая на него с подозрением и настороженностью, сдерживая радость, она повернула в сторону ближайшей заправки. Сказала, она часто там заправляется. А еще там классные сэндвичи. Сказала много, как облагодетельствованный, находящийся в радостном возбуждении человек. Слушая ее, он подумал, что владеть женщиной, оплачивая ее топливо, по-своему забавно.

Скоро смартфон снова принялся настойчиво булькать. Покончив с благодарностями, она вернулась к переписке, захихикала и сунула вспыхнувший экран ему под нос. Нашла способ отблагодарить — проявила доверие. Мол, погляди, можно так мужику писать или глупо?

Он вчитался в облачка, полные кокетливой дребедени.

— Глупо. Но ему понравится.

Пока стояли в очереди к заправочным шлангам, она перегнулась назад, упершись большим лифчиком в его плечо. Взяла тот самый пакет, который он чуть не выбросил, вытащила коробку, а из коробки туфлю серебряной кожи, на высоком каблуке и с густо-красной подошвой.

— Лабутены. Пятьсот баксов. Он подарил, — назидательно сообщила она, скинула лодочку и просунула под серебряные ремешки свою смуглую ступню.

— Застегни, — она закинула на него ногу.

Он туго затянул ремешок. Хотел чмокнуть розовые ногти, но решил — лишнее.

Мини-вэн, стоявший впереди, стартанул, сзади погудели.

Подкатив к шлангам, она выскочила на асфальт и принялась красоваться, прихрамывая, как инвалид детства, у которой одна нога короче другой. Поджав левую в лодочке, она покачивалась на правой, взнузданной серебром, подкованной густо-красным.

«Хороша?» — вопрошало ее надменное и одновременно неуверенное лицо.

Она в самом деле была хороша, и лишь одно встревожило его. Смуглые пальчики с розовыми ногтями были чрезвычайно напряжены. И хоть серебряные ремешки и сдерживали ступню, ногу и все тело, но пальчики покраснели, наморщились, а ногти потемнели. Ему показалось, что пальчики упираются из последних сил, что неуклонно сползают к краю и вот-вот соскользнут.

КРАСНЫЕ ПОДОШВЫ

Заначки, которую он припас для веселеньких часов с ней, хватило и еще немного осталось. Вернувшись, он увидел, что она воркует над тачскрином, и его свет озаряет ее черты. Туфля валялась на соседнем кресле и, перекладывая ее обратно в пакет, чтобы сесть, он подумал, что странно все-таки платить такие деньги за эти ремешки, пряжки и красную подошву. Он, конечно, не знаток, но какой-то обман тут кроется.

— Ни один мужчина никогда не заливал мне полный бак. Хочешь, подброшу до метро? — предложила она царственно.

Она так разошлась, что вызвалась подвезти его не просто до ближайшей станции, а до станции, на которой ему предстоит пересадка. Только сигарет по дороге надо купить.

Остановились у магазина.

— Сбегаешь? — попросила она, но, опомнившись, пошла сама.

Заглушив мотор, она забрала ключи, а он остался сидеть в тишине, свесив руку в открытое окно, за которым лежал июльский вечерний воздух. Мимо катили седаны, хетчбэки и кроссоверы. В них были люди. Пешие люди шли по тротуару. Внутри домов горели огни. Он подумал, что до метро осталось всего ничего. Да и не хочет он лезть в метро, а вполне доберется каким-нибудь наземным способом.

Он вышел из автомобиля, захлопнул дверцу и увидел на заднем сиденье картонный пакет.

«А ведь могут спереть», — подумал он, открыл дверцу, взял пакет, закрыл окошко и пошел в противоположную от метро сторону.

Вскоре его телефон переполнился неотвеченными вызовами, а позже — оскорблениями и угрозами. Вернувшись домой, он припрятал трофей, а на следующий день встал пораньше, вытер туфли начисто и преподнес жене вместе с утренним кофе.

Смотри, любимая. Красная подошва, серебряные ремешки, пятьсот баксов. И размер твой. Откуда деньги? Заработал. Есть еще те, кто его ценит.

Жена обрадовалась, но как-то с оглядкой. Надела один, надела второй. Он помог затянуть серебряные ремешки. Размер впору, и выглядит очень даже. Жена вертелась перед зеркальной дверцей шкафа-купе, то подгибая коленки, то распрямляя, то расставляя ступни, то ставя их вместе. На этих каблуках с красной подошвой она стала какой-то другой. Еще более волнующей, чем после душа. Он приблизился и положил руки на две привлекательные выпуклости ее фигуры.

— Погоди. — Она нагнулась расстегнуть ремешки.

— Оставь, это волнует.

— Но мне неудобно. — Она сняла туфли, одну за другой.

Сняла и зачем-то к самым глазами поднесла. И ногтем свеженаманикюренным ковырнула. И понюхала.

И рассмеялась.

— Это же кожзам. Подделка, да еще ношеные.

Жена сунула разоблаченную обувь ему в руки и босая ушлепала в ванную. Глядя на туфли в растопыренных ладонях, на красные подошвы, он услышал, как щелкнула задвижка, и подумал, что его руки тоже очень красны.

ВОПРОСЫ ТЕЛЕЗРИТЕЛЕЙ

Был на съемках программы о литературе на кабельном телеканале. Название канала больше бы подошло приюту для бездомных животных или центру реабилитации наркоманов. Студия располагается в одноэтажном бараке из белого кирпича. Барак стоит во дворе заглохшего завода. Двое охранников на входе, видимо самые сообразительные рабочие бывшего завода, оставленные по этому случаю при новых хозяевах, никак не могли найти мое имя в списке гостей. От охранников меня отделяло замурзанное стекло. Они склонялись над списком, как солдат и матрос, читающие по слогам «Правду»

с ленинским декретом. Список лежал на столе, ко мне вверх ногами, но я и то увидел свою фамилию и указал на нее. Всего в списке было пятеро, я последний.

* * *

Тесно, душно. Старушка-уборщица добросовестно заполняла пухлую тетрадку социологического опросника. Вчитываясь в вопросы и ставя галочки, старушка проклинала час, когда дала согласие соседской девчонке-студентке заполнить этот опросник. «Чтобы я еще раз!..»

В ожидании окончания съемок предыдущей программы координаторша заговорила о литературе. На выходных была на даче у подруги, читала Донцову. Загнула мизинец, безымянный палец, средний и указательный. Большой палец не загнула. Всего четыре романа Донцовой успела прочесть за выходные. Я уважительно кивнул. Я Донцову не читал. Однажды попробовал, но не покатило. Может, потому, что не на даче. Был бы на даче, может, и покатило бы.

Костюмерша перебирала цветные тряпки и жаловалась на цены. Кризис.

ВОПРОСЫ ТЕЛЕЗРИТЕЛЕЙ

Гримерша спала на диванчике. Ее растолкали, нас познакомили. «Она всю ночь кого-то гримировала», — пояснила координаторша. Я пошутил про то, что все мы по ночам кого-нибудь гримируем. Дамы не рассмеялись. Промолчали. Даже каким-то космическим молчанием меня наградили.

Полупроснувшаяся гримерша закатала мой лоб, скулы, нос и щеки ровным слоем тонального крема. Крем похоронил дефекты кожи и синяки под глазами. Я стал еще красивее. Съемка очередной программы закончилась, и к нам выбежала ведущая. Следом, неторопливо ступая, вышел гость. Ведущая — стареющая от времени и невысокой зарплаты высокая блондинка. Одного взгляда на нее было достаточно, чтобы понять, почему она ведет программу на кабельном канале с названием приюта, а не на федеральном монстре с цифрой один и миллионами зрителей. Она похожа на положительную провинциальную учительницу из кино. Будь в ней следы порока или цинизма, карьера взлетела бы. Но ни того ни другого нет, только усталость красивой, небогатой и недалекой женщины. Выше головы не прыгнешь. Гостем оказался старичок-писатель. Мне знакома его внешность. Я его видел несколько раз среди других литературных старичков. Маленький, серенький, ладненький такой, аккуратненький. С востренькими глазками и топорщащимися бровками. Губки у старичка складывались бантиком и выделялись на желтом лице. Видать, гримерша их подчеркнула одной из своих многочисленных кисточек. Глазки у старичка стреляли. Шнурочки на ботиночках были аккуратно завязаны, брючки наглажены, узелок на галстучке маленький-маленький. Готов спорить, старичок не повязывает галстук каждый раз заново, а просто узелок ослабляет и стаскивает через головку. И в шкафчик кладет. А когда снова возникает нужда парадный вид сделать, он петлю себе на шейку накидывает и потуже затягивает. Там, в складках, наверняка можно найти крошки и пыль десятилетней давности. А может, и сухую мушку. Если через века археологам достанется этот галстучек, они смогут сделать анализ пыли начала двадцать первого века. А если повезет, то и конец двадцатого захватят. Обликом старичок походил на деловитого ежика, который в сомнительных предприятиях не участвует и всегда не прочь кому-нибудь присунуть.

ВОПРОСЫ ТЕЛЕЗРИТЕЛЕЙ

Старичок преподнес координаторше свою плохо изданную книжку. Он никому не известен, этот старичок. Он не обретет славу после своей смерти. Я пока еще молод, хорошо одет и, разумеется, уверен, что в его годы буду живым богом литературы, лауреатом всех возможных наград, и матери будут выстраиваться в очередь, чтобы я благословил их детей. В данный момент я тоже никому не известен, и мне неловко за свою яркую, изданную крупным издательством книжку, которую я только что подарил координаторше. Моя книжка рядом с книжкой старичка выглядит как распущенная шмара рядом с очкастой работницей химической лаборатории. Пока координаторша, хихикая, попросила старичка подписать томик, я постарался незаметно сдвинуть свою книжку куда-нибудь в сторону. Старичок кокетливо сообщил координаторше, что уже подписал. Он очень рад, что его покажут по телику. Он ласков, как старый песик, которого держат в конуре, в дом не пускают, но он всякий раз с благодарностью лижет руки, когда ему кидают объедки.

Поприседав перед старичком в реверансах, координаторша собралась переключиться на меня, но старичок культурно справился, как бы ему отсюда выбраться. Окраина все-таки. Заподозрив старичка в рвачестве, в желании выбить денежку на такси, координаторша перестала хихикать, будто ее шнур из розетки вытащили, и поменялась лицом. Пробубнила что-то там про помощницу, мол, проводит. Мне стало неловко, почти до щекотки. Не то чтобы я отличался особенной щепетильностью, но начал ерзать на диване и старательно делать вид, что меня нет. Если принять во внимание микроскопические размеры помещения, то превратиться в невидимку оказалось делом непростым. Захотелось разъяснить координаторше, что старичок не намекает на денежку, а просто спрашивает номер автобуса, но я ничего разъяснять не стал. Тут почему-то родилась мысль, что весь этот телеканал, весь район, город и, может, даже страна — длинный поезд, давно катящийся неизвестно куда. С разрешения начальника состава самые инициативные обустроили в своем вагоне — старом заводике — телестудию, чтобы вещать на другие вагоны. Это, наверное, от тесноты такие мысли меня обуяли. Уж больно комнатка, где мы толклись, похожа была на купе.

ВОПРОСЫ ТЕЛЕЗРИТЕЛЕЙ

Отвлечься удалось легко. Напротив, через пару шагов, был закуток, где переодевалась ведущая. В зазоре между занавеской и стенкой хорошо просматривалась ее спина, голая спина красивой сорокалетней учительницы. Красивой ровно настолько, чтобы вести программу на кабельном канале с названием приюта для наркоманов. Красивой настолько, чтобы выступать перед парой десятков тысяч скучающих старушек с окраины. Ведущая смотрелась в зеркало, видела в нем свою грудь и мои глаза. Она не попросила задернуть занавеску, ее лицо не озарило кокетство. Ей было все равно. Мне, впрочем, тоже. Наш обмен безразличными взглядами походил на секс между уставшим клерком и невыспавшейся проституткой. Старичка тем временем выпроводили.

— Какой я пользуюсь туалетной бумагой?! — неожиданно громко спросила себя старушка-уборщица. Она так тихо возилась с опросником, что про нее забыли. Координаторша и гримерша вздрогнули. Уборщица пустилась в воспоминания: — Вот раньше газеткой подтирались. Буковки-то в газетах свинцом напечатаны, а свинец, говорят, полезен. — Последние слова уборщица почему-то адресовала мне. Я заволновался — не отражается ли на моем лице недостаток свинца.

Координаторша вспомнила времена дефицита, когда туалетную бумагу покупали сразу помногу, нанизывали на бечевку и надевали на шею. Не в руках же нести. Женщина с набитыми сумками и ожерельем из рулонов туалетной бумаги вполне может стать символом Москвы восьмидесятых.

Ведущая нарядилась, но тут обнаружилась пропажа «уха». Маленького наушника телесного цвета. Без «уха» ведущая не услышит подсказки режиссера. Без «уха» съемка невозможна. Ведущая заметалась. Координаторша и костюмерша принялись ахать и охать, передвигать стаканчики с недопитым чаем, пакетики с печеньем. Приподняли ноги гримерши, которая снова засопела на диванчике.

— Какими тампонами я пользуюсь?! — со смаком прочла очередной вопрос старушка-уборщица. И тут же на него ответила: — Не пользуюсь я вашими тампонами уже лет тридцать!

Координаторша с костюмершей шепотом судачили о ведущей: «Она сегодня не в духе, уйти хотела». — «Сдурела, что ли?! Куда уйти!» Ведущая вбежала с криками: «Нашла, нашла!» Координаторша и костюмерша благостно закивали ей, назвали по разу «моя хорошая», «вот и умница». И я был приглашен в павильон.

***

В павильоне, небольшом ангаре с высоким потолком, один угол был ярко освещен и украшен разноцветным пластиком. Из других, темных, углов на этот светлый таращились три камеры. Ведущая уселась за оранжевый стол, изгибающийся волной, я устроился в красном крутящемся кресле напротив. Пока ведущая изучала бумажки со сценарием предстоящей программы, я озирался по сторонам, крутясь в кресле. Углы декоративных пластиковых панелей махрились пылью. Легкий сквозняк заставлял эти серые клочья дрожать на манер водорослей в речке. Потолок, прямо над головой ведущей, покрывали желтые пятна, свидетельствующие о протекающей крыше.

— А что, если на вас во время съемок вода будет капать? — спросил я.

Ведущая посмотрела на потолок и оживилась. Впервые с момента нашего знакомства в ее глазах мелькнул интерес.

— Вы знаете, у нас тут однажды муха летала. Вот такая! — Ведущая показала руками форму, напоминающую средний арбуз. — То на гостя сядет, то на меня, то на стол. Представляете?! Мы ее никак поймать не могли!

Я в ответ рассказал про знакомого, который тоже работает на телевидении, так у них там по павильону крыса бегала, съемки сорвала. Услышав про крысу, ведущая посмотрела на меня не просто с интересом, а с уважением. Но тут громкоговоритель сказал «работаем», и нам пришлось вспомнить о поводе нашей встречи.

Ведущая зачитала приветствие и перешла к вопросам. Они оказались довольно формальными, но одна деталь придавала всему происходящему привкус авантюры. Речь шла о любовных романах. Пиар-служба издательства недолго думая отправила меня на съемки программы о любовных романах. Я когда про это узнал, поначалу засомневался, но меня убедили. Главное — реклама, остальное не важно. Вот я и пришел. Теперь, сидя перед телеведущей, которой бы лучше подошло быть учительницей, я строил из себя специалиста по любовным романам.

ВОПРОСЫ ТЕЛЕЗРИТЕЛЕЙ

— Как вы, такой молодой мужчина, успели стать автором трех любовных романов? — спросила ведущая.

— Любовь — мое призвание, — отвечал я, не уточняя при этом, какие именно три любовных романа подразумевает ведущая. Книжек из-под моего, извините за выражение, пера вышло всего две, одна из которых — сборник рассказов.

— Расскажите, где вы черпаете вдохновение? — поперла на меня ведущая.

— В любви, — не задумываясь, ответил я, твердо решив ввернуть максимальное количество слова «любовь» в наш разговор.

Спросив еще что-то дежурное про любовные романы, ведущая посмотрела честными глазами в одну из камер и сообщила выпуклой линзе номер телефона, по которому телезрители могут задать вопросы. Номер в тот же миг высветился призывными красными цифрами на электронном табло на стене. На таких табло в Амстердаме бегут рекламы секс-шоу, где можно посмотреть на совокупляющиеся парочки и целые группы. Не выдержав паузы, ведущая перешла к вопросам от телезрителей. Тут я, впервые за день, удивился. Программа будет показана минимум через месяц, и нет никакого прямого эфира, никакой комнаты с коммутаторами, принимающими звонки взволнованных почитателей любовных романов, а телефон, номер которого сообщила ведущая, стоит где-нибудь в вахтерской со снятой трубкой. Да и нет никакого телефона вовсе. Это бессовестное надувательство меня искренне развеселило. Я подумал про аудиторию канала, про одиноких старушек с окраин, которые через месяцок-полтора увидят меня по телику и начнут крутить диски своих устаревших телефонов, чтобы расспросить про любовный роман.

И вот человек, притворяющийся автором любовных романов, начал отвечать на вопросы, присланные несуществующими телезрителями. «К счастью, меня не увидит никто из знакомых. Мое поколение такие передачи на таких телеканалах не смотрит…»

Сочиненные сценаристом мариванны и верконстантинны негодовали: одна требовала к ответу современных безграмотных писателей, ляпающих в своих сочинениях многочисленные ошибки, другая вопила: «Где великий русский роман девятнадцатого века?», третья язвительно интересовалась, отчего так беден язык и фантазия молодых авторов. Судя по всему, сценарист, мужчина он или женщина, был человеком немолодым, уж больно вопросы отдавали нафталином. Я добросовестно отвечал, стараясь быть серьезным, но меня так и подмывало заявить мариваннам и верконстантиннам, что писатели безграмотны, язык беден, а великий русский роман вообще неизвестно где, в том числе и потому, что телефон, заявленный на табло, не работает. Но моей книжке нужна реклама, и я сделал вид, что все так и должно быть.

***

Вечером, проверяя почту, я наткнулся на письмо-рассылку от организаторов помощи детям-инвалидам. Искали добровольца для посещений маленького мальчика, от которого отказались родители. Я удалил письмо, так и не разобравшись в графике посещений. Я пошел смотреть телик, притворившись сам перед собой, что не получал никакого письма.

Интересно, долго ли я еще так смогу? Однажды я сделаю выбор. Это случится, когда я начну захлебываться. Тогда я либо смирюсь, чувствуя, как галстучек на моей шее затягивается все туже, либо начну барахтаться и еще некоторое время продержусь на плаву.

Через месяц позвонила координаторша и сообщила, что эфир состоится в четверг. Канал с названием приюта у меня не ловился и своего появления на экране я не видел. В пятницу, когда я стоял, облокотившись на стойку бара, рядом нарисовались две поддатые девицы.

— Ваше здоровье, — салютнул я девицам стаканом.

— Мы знакомы? — прищурились они.

— Нет, но это легко исправить, — лихо заявил я низким голосом, считая этот тембр сексуальным.

— Вспомнила! Ты бабские романы строчишь! — озарило одну из девиц, и они зашлись хохотом, скаля ровные зубы и растягивая красивые, обведенные помадой рты.

ТЫ У МЕНЯ ДОЕДЕШЬ

Холод. Темнота. Автобус опаздывает. Кривая очередь утыкается в край тротуара, куда должен причалить транспорт.

Пассажиры топчутся. Всем хочется поскорее домой, в свои предместья. К ярким телевизорам на тусклых кухнях. Чтобы завтра утром вернуться в город, чтобы вечером из города, чтобы утром в город, а вечером опять из города.

Светящийся пенал автобуса выкатился из-за поворота и подрулил, промахнувшись, мимо головы очереди. Вздохнув пневматическим механизмом, открылась дверь.

ТЫ У МЕНЯ ДОЕДЕШЬ

Недобросовестные пассажиры из хвоста очереди воспользовались небрежностью водителя. Расстроив ряды, они полезли вперед, решив, видимо, что пришло время библейского пророчества, когда последние станут первыми.

Нервные заметались, опытные сохраняли спокойствие. Вопреки сумбуру погрузка шла быстро. Передо мной оставалась всего одна женщина с ребенком, когда появился проныра. Неприметный, щуплый, похож на торчка, он сунулся в дверь прямо перед матерью и чадом. Не успел я возмутиться, как женщина схватила проныру за капюшон и отшвырнула, точно комок тряпок. Но проныра проявил настойчивость и попер на женщину, которая уже успела пройти в автобус.

Глаза мои заволокло гневом. Стоя на ступеньке, я схватил проныру за воротник тонкой курточки и отшвырнул. Он, однако, удержался за вертикальную поворотную штангу двери.

Я ему в грудак, он держится.

Я снова, он не отцепляется. Так и висит на штанге. Если б не шмотки и щетина, мы вполне могли бы сойти за двух стриптизерш, подравшихся за право танца у шеста.

Другие пассажиры напирали, дуэль пришлось прекратить. Я прошел в глубь салона, залитого светом, словно операционная. Сел на свободное место и стал наблюдать, как проныра копается с турникетом, как ищет меня взглядом, как подходит.

И тут мне захотелось сбежать.

— Ты у меня доедешь, — склонился он ко мне.

— Это ты у меня доедешь, — ответил я, волнуясь.

— Ты у меня доедешь, — шипела пенка в углах его губ.

— Это ты у меня доедешь, — отчаянно старался не отставать я.

Неизвестно, сколько бы продолжался обмен этой бессмысленной, если разобраться, фразой, но пассажиры стали заполнять проход, и мой оппонент был оттеснен к двери рядом.

Безоглядное, экзальтированное бешенство сменилось во мне истовым страхом так же резко, как и возникло. Проныра был хоть и щуплым, но явно настоящим подонком.

Когда я выйду возле моей деревни, он последует за мной и в темноте расправится.

Надо срочно сообщить жене. Пускай встречает с собакой.

И с дочерью.

Он их увидит и не посмеет. Женщин все боятся, женщины как начнут орать. Не надо было мне лезть, тетка сама бы справилась.

Позор.

Какой позор жалеть, что вступился за женщину с ребенком. Звать на помощь жену и дочь.

Дочери завтра платье примерять, свадебное.

А послезавтра в Америку к жениху.

Интересно, он уже в курсе или еще нет?

В любом случае он не против, а если мужчина не против, значит, он за.

Мы, мужики, такие.

Особенно интеллигенты.

А жених интеллигент.

Хорошая московская семья. В каком смысле хорошая? Дед был из советских начальников и наплодил, как водится, диссидентов. Все им здесь не по нутру, но его громадной квартирой и обширной дачей пользоваться не брезгуют. Жених, естественно, с американским паспортом. Находясь в положении, его мать проявила предусмотрительность. Двадцать лет назад туда часто рожать ездили. Как, впрочем, и сейчас. Паренек, кстати, симпатичный, милый, а синий паспорт с орлом делает его настоящим душкой.

В общем, нельзя звать ни жену, ни дочь, ни собаку. Если они придут, обязательно случится какая-нибудь дрянь, дочь не сошьет платье, не распишется, не получит грин-карту, не проживет счастливую жизнь, и виной всему этому буду я.

Уж лучше схлопотать нож.

Я бросил на щуплого проныру неторопливый взгляд, нарочито демонстрируя спокойствие и презрение.

А вдруг у него на самом деле нож?

Вспомнился прием, виденный в кино. Перехватываю руку с лезвием, отвожу в сторону, выкручиваю... Что получится на деле, неизвестно. Точнее, известно. Я попытаюсь перехватить его руку, порежусь, ойкну по-бабьи и получу смертельный удар. Даже если у него нет ножа, он вполне может воспользоваться бутылкой. Утром я как раз вынес два пакета с опустошенной стеклотарой. Скоро, говорят, за такие дела — я их в урну выкинул — будут штрафовать. Каждого, кто посмеет сунуть в урну что-то крупнее литровой стекляшки, накажут рублем. Бутылки наверняка еще не убрали. Помню, одна была битая. Щуплый наверняка выхватит из урны именно ее и начнет чиркать по моему красивому, начинающему стареть лицу.

Седые волосы, носогубные складки. Недавно видел себя на фотографии и расстроился. Южанин с печальными глазами и презрительным ртом. А я-то думал, что с виду весельчак и южанин не до такой степени. Пора делать омолаживающие процедуры, но денег нет.

А вот с отсутствием мусорного контейнера в нашей деревне пора кончать. Полиэтилен и бумагу я жгу, объедки отправляются в компост, но вот бутылки. С бутылками совершенно неясно, что делать. А бутылок у нас порядочно. Например, уезжаем мы с женой, оставляем дочь одну, возвращаемся — гора бутылок. Оказывается, гости приезжали. Побудет жена пару деньков без меня — опять бутылки. Тоже гости. Да и сам я, чего таить, гостеприимный. И вот теперь из-за этих гостей меня могут изранить. Возможно, смертельно.

Я поднял глаза. Стоит у двери, сука, караулит.

И смотрит на меня. Я выдержал его взгляд и еще добавил зрением, когда он отвернулся.

Ничего, есть и другая дверь.

А что, если сойти пораньше? На людной остановке. Дождусь спокойно другого автобуса, покачу в благости. Жаль, людных остановок нет. За окнами сплошная тьма. Пассажиры смотрят на свои бледные отражения в черных окнах, в ушах индивидуальная музыка. Если продлить взгляд каждого линиями, то не найдется двух пересекающихся.

Я убрал поглубже в карман паспорт, банковскую карту и права. Чтоб в драке не выронить. Да, у меня есть права, а езжу на автобусе. Все вспыльчивость. Помню, меня один подрезал, так я его догнал и на таран.

Рассказы про героев войны не пошли мне на пользу.

С тех пор на общественном транспорте.

Да и дешевле.

Горячечность у меня наследственная, деда родной просвечивает. Он свой первый срок получил за вспыльчивость. Жоржиков на курорте прибил. Поехал первый раз на юг. Черное море, розовый закат. Костюм новый надел и вышел прогуляться вдоль прибоя. Сел за столик, выпил портвейна, залюбовался природой. Тут его жоржики и окружили. Лопочут что-то и велят костюм снимать. Ну, деда и стал табуреткой над головой крутить.

Потом милиция, суд, нары. Оказалось, одного в морг увезли.

Больше деда на юг не ездил.

Вот такой предок, через одного на скамейке эволюции.

Может, извиниться?

Подойти и прощения попросить.

Ты был не прав, я был не прав, замяли.

Скоро моя остановка. Я натянул перчатки и закрыл глаза. Типа все мне безразлично. Типа вот какой я бесстрашный, даже заснул со скуки. Я зевнул. Вполне, надо сказать, искренно. А сердечко колотилось.

Почувствовав крен автобуса на повороте, я встал, нажал кнопку остановки по требованию и прошел к двери.

Не к той, у которой караулил проныра. К другой.

Вздохнув гидравликой, автобус открыл проход. Сойдя со ступеней, я пошел не торопясь. Но не в темноту к дому, а в свет к магазину. Себе объяснил, что надо купить чего-нибудь к чаю.

Успел заметить, что моих мешков со стеклом в урнах уже нет.

За спиной шаги.

Сейчас его рука ляжет на мое плечо.

Стараясь уйти от ножа, ударю в ответ. Не кулаком, открытой ладонью.

А что, если он не хлопнет меня по плечу? Что, если пырнет в спину?

Иду не поворачиваясь. Мимо шаурмы, мимо мешков с комбикормом. Когда я был маленьким, у меня были куры. Летом они питались червяками, зимой капустой.

Шаги приближаются.

В магазине яркий свет и родные лица продавщиц. Ужасно рад их видеть.

Не могу вспомнить, что хотел купить.

Дверь открывается.

— Здорово, сосед!

Крепкое рукопожатие Иваныча.

Я вышел вон. Никого. Только пустое шоссе и темнота.

ЧЕРНЫЙ АСФАЛЬТ, ЖЁЛТЫЕ ЛИСТЬЯ

Проснулся на полу в белом пиджаке. На щеке текинский узор ковра. Сверху нависает хрустальный осветительный шедевр, результат бабушкиной потребительской активности — громадная чешская люстра.

Пока я собирался с силами, чтобы встать и выпить стакан воды, эти килограммы остановившегося блеска пробудили воспоминания.

Почти двадцать лет назад я работал курьером в известном на весь мир журнале, который вместе с победой консюмеризма появился и в России. От двух до трех сотен страниц толстой бумаги лоснились моднейшими нарядами, драгоценны-

ЧЁРНЫЙ АСФАЛЬТ, ЖЁЛТЫЕ ЛИСТЬЯ

ми камнями и металлами, роскошными автомобилями, курортными виллами, белыми снегами и синими морями.

Имея склонность к фотографии и мечтая о славе Хельмута Ньютона, я в то время разослал свои снимки по разным изданиям, но ответа не получил. Поникнув головой, однажды я рассказал о постигшей меня неудаче отцу, и он, тяготимый — впрочем, не слишком — чувством вины за бегство от матери и мое неполноценное детство, взялся помочь.

Оказалось, его тогдашняя пассия занимает должность в издательском доме, которому принадлежит добрая половина всех существующих журналов, и полномочия ее вполне позволяют устроить меня для начала курьером.

Я получил именной пропуск и на законных основаниях проник в чертог глянцевых мифов, оказался в непосредственной близости к желанному эпицентру. Так начался мой трудовой путь, закончившийся вчера.

Весь штат сотрудников, от главного редактора до секретаря, состоял из женщин. Рабочий коллектив представлял собой шкалу женского социального успеха, пиковым показателем которого являлась главред, а нулевое или даже отрицательное деление было закреплено за уборщицей. Все трепетали перед главной, подражали ей в манере наряжаться, но не слишком, не дай бог обскакать, говорили с ее интонациями, боялись ее гнева, жаждали похвалы и мечтали занять ее место, чтобы проводить совещания, как она, положив ноги на стол, поедая куски сырого лосося с соусом васаби.

Чары не распространялись лишь на нас с уборщицей. Она плохо говорила по-русски, считала всех девиц пропащими вертушками и угощала меня домашними сочащимися мантами. Я же мыслил себя художником мировой величины и не испытывал перед всем этим дамским царством никакого благоговения.

Непосредственным моим начальником была Юля — секретарь редакции. Она называла себя на латинский манер Джулией. К ней стекались все поручения по доставке экземпляров, пригласительных, договоров, букетов, шампанских бутылок и прочей дорогостоящей мелкой мишуры, которую так любили получать даже очень богатые люди, способные позволить себе весь наш журнал вместе с главной.

Каждое утро я представал перед Джулией, выслушивал инструкции о нравах очередной актрисы, которой следует доставить это, о расписании певца, которому надо передать то. За мою тогдашнюю записную книжку многие бы щедро заплатили. Чьих только номеров там не было! Своенравные звезды, окруженные ореолом недосягаемости, принимали меня на пороге своих весьма порой прозаических жилищ, а личные помощницы могущественных воротил спрашивали, какой напиток я предпочитаю.

Каждую ночь я засыпал с чувством утомленной удовлетворенности. У меня завязалось несколько романтических знакомств с ассистентками некоторых моих адресатов, а одна исполнительница известной роли попросила меня однажды повесить ей упавшую занавеску.

Редактор отдела моды, услышав о моем увлечении фотографией, попросила показать снимки, и я не заставил себя долго упрашивать. Она посмотрела и поручила штатному фотографу поснимать меня на белом фоне. О моих фотоработах больше не вспоминали, зато время от времени стали наряжать в присылаемые для рекламы наряды, в которых я, скучая, но и не без тщеславия, позировал.

Несколько раз я предпринимал попытки напомнить о своем фототаланте, но отклика не встретил и вскоре разговоры оставил. Жизнь моя была так ярка и весела, что лавры господина Ньютона померкли сами собой. Однако редактор отдела моды все-таки сыграла роль в моей судьбе. Из сострадания к моей творческой несостоятельности или из озорства она как-то раз спросила моего мнения по поводу одной фотосессии и, видимо, сочла его небезынтересным, потому что с тех пор стала со мной советоваться и к некоторым советам прислушивалась. Она оказалась первой убедившейся в том, что отсутствующий у меня талант фотографа компенсируется умением видеть недостатки в работах других и пониманием, как эти недостатки исправить. Свойство во всем видеть недостатки, из-за которого многие считали меня букой, сослужило добрую службу.

ЧЕРНЫЙ АСФАЛЬТ, ЖЁЛТЫЕ ЛИСТЬЯ

**

Вся наша женская команда, включая стилиста Колю, который предпочитал называться Никой, состояла из одиночек. Некоторые успели обзавестись детьми, но это считалось скорее изъяном, чем поводом для гордости.

Все, в том числе Ника, искали мужа или хотя бы покровителя.

Хоть изредка приходящего.

Хоть кого.

Лишь одно условие должно было быть соблюдено непременно — его богатство. Физическая привлекательность, ум, чувство юмора, знакомство с хорошими манерами и наличие высшего образования приветствовались, но не являлись решающими. Джокером в этой игре были деньги.

Известность и слава не ценились так высоко, как богатство. Наша главред, опытная красавица с университетским дипломом, несгибаемой волей и двадцатилетним сыном-оболтусом, который, по слухам, страдал от непрекращающихся недугов и депрессий, будучи совершенно здоровым, даже она таяла, когда на приемах с ней заговаривал какой-нибудь господин из списка богачей.

Все девочки и, конечно, Ника время от времени крутили с вполне прозаическими типами, которых часто ссужали деньгами, давали приют и порой совершенно сажали себе на шею. Такие связи держали в секрете, стеснялись их. Но каждая, предохраняя маникюр во время мытья посуды, повязывая галстук и даже издавая вполне искренние звуки в постели, всегда представляла себе палубу яхты, прохладу ювелирного салона, замах гольфовой клюшкой и ржание племенной кобылы.

Появление платежеспособного поклонника обязательно делалось общей новостью. Об этом сообщали курортные фотографии, шикарные обновки, а то и кольцо, отбрасывающее бриллиантовые искры.

Хвастовство не считалось зазорным. Счастливица выставляла напоказ тот или иной предмет, и любопытство остальных, хоть и сдержанное, вскоре прорывалось: «Кто?», «Где?», «Как?» Счастливица отвечала лениво и напоказ безразлично, но потом вдруг срывалась и взахлеб выбалтывала правду и неправду.

ЧЕРНЫЙ АСФАЛЬТ, ЖЁЛТЫЕ ЛИСТЬЯ

Большая часть таких презентаций, впрочем, были подделкой. Чужие автомобили, в которых разрешили посидеть, выдавались за свои, чужие стены, где удалось временно притулиться, — за личные пространства. Цены на подарки непременно завышались, цифры ресторанных счетов утраивались, а ночам приписывалось куда больше страсти, чем они на деле вмещали.

В минуты откровенности рассказчицы входили в такой раж, что не стеснялись ничего. Помню, однажды сотрудница рекламного отдела так разошлась, расписывая подарок, полученный от ухажера — увеличенную грудь, что задрала платье до шеи, продемонстрировав добросовестную работу хирурга.

Брачный успех ждал немногих. В таких случаях девушка закатывала прощальную пати с изысканными кондитерскими изделиями и хорошими напитками. Прощания имели оттенок торжествующей грусти, когда счастливица сходила на берег семейного благополучия, а остальные, проглотив слезы завистливой радости, с новым усердием брались за весла.

Часто браки заключались с европейцами, с которыми знакомились по работе. Обыкновенно те были вовсе не богачи, но их талант одеться, мелодичные речи и комфортабельные страны компенсировали отечественные активы. Ведь обзавестись дворцом часто хочется, когда вокруг разруха, всеобщее же усредненное благоденствие настраивает на более мирный лад.

Нашедшие себе мужей среди отечественных спонсоров, фактических владельцев и наемных директоров обычно получали в распоряжение некоторую собственность и порой даже открывали магазинчики и кафе, которые вскоре прогорали, или благотворительные фонды, предназначенные больше для обеления нелегальных доходов супруга.

Такие обыкновенно страдали от недостатка внимания и часто стремились обратно в журнал, но уже не на должность, а на страницы светской хроники.

К этим выскочкам наша главная относилась презрительно, интервью с ними, пусть коротенькие, браковала, портреты, даже еле различимые, отвергала. Пробить эту брешь удалось лишь од-

ЧЁРНЫЙ АСФАЛЬТ, ЖЁЛТЫЕ ЛИСТЬЯ

ной — тонкокостной ведьме из степного захолустья, захомутавшей отставного спортсмена, обладателя внушительного капитала, выколотившей из него средства на открытие и рекламу кабаре и умудрившейся дело не провалить, а, напротив, сделать прибыльным. Главред игнорировала успех нахалки сколько могла, но не устояла, когда та лично преподнесла ей в единственном экземпляре выпущенную карту, дающую пожизненное право на лучший столик и открытый счет.

Отдельным объединяющим качеством было место рождения. География появления сотрудниц на свет, их первых шагов, школ и вузов демонстрировала все величие русского мира, охватывая не только одну шестую часть суши, но и зоны влияния.

Обозревательница косметических новинок родилась в Будапеште, где папа-майор служил в Западной группе, а редактор отдела моды прибыла с погранзаставы острова Итуруп, столь вожделенного для японцев.

Все они ненавидели и обожествляли Москву, как наркозависимый ненавидит и обожествляет зелье. Каждое утро обещали бросить и каждый вечер торчали от новой дозы.

* * *

Будучи по природе натурой эмоциональной, я вскоре влюбился. Не влюбился даже, а приобрел сильную романтическую привязанность. Дамой моего сердца стала непосредственная начальница, Джулия.

Нос у Джулии был криноват, что она впоследствии, поднакопив средств, исправила, на левой ноге синими речушками разбегались тонкие вены. Но это все мое свойство выявлять недостатки. Даже в прошлом их умудряюсь отыскать. В остальном Джулия была устроена привлекательно. Очертаниями обладала не умопомрачительными, но пропорциональными, а лицо ее можно было отнести к тому типу, который романтические пошляки сравнивают с Венерой Боттичелли.

Влюбленность моя была совершенно бестелесной. Я не желал обладать Джулией, мое чувство было целиком иррациональным, лишенным логики и оттого предельно острым. Я страдал, путал имена адресатов, время и место доставки, схлопотал несколько выговоров, едва не лишился места.

ЧЕРНЫЙ АСФАЛЬТ, ЖЁЛТЫЕ ЛИСТЬЯ

Родом Джулия была из отдаленного городка, то ли лагерного, то ли курортного, и помышляла, разумеется, о браке с олигархом. Только в отличие от других, планирующих олигарха, а по факту готовых рассмотреть предложения поскромнее, она и в самом деле наметила себе определенного многомиллиардного холостяка и целенаправленно искала встречи.

Небольшое настольное зеркало, стоящее на ее рабочем столе, было оклеено его фотографиями, вырезанными со страниц журналов, и ее собственными портретами на фоне заграничных достопримечательностей: рядом с благополучными жилыми комплексами, возле автомобилей высшей ценовой категории, с продуктами питания из рациона гурманов. Джулия заклинала судьбу.

От остальных девушек Джулия отличалась постоянным волнением. И какой-то нервностью.

То и дело она начинала кашлять, без видимой причины протирала руки влажной салфеткой.

Разумеется, она не была любимицей коллектива. Одни подшучивали над ее педантичным преследованием богатого холостяка, другие усматривали признаки невменяемости в той верности, которую Джулия хранила своему ни о чем не ведающему жениху.

У нее и в самом деле не было дружка, мужчины пугали ее своими притязаниями, только мне она позволяла ухаживания, и то небось потому, что чувствовала — ничего за этим не последует.

Думаю, недостижимый жених был подсознательно ею выбран по тому же принципу — он совершенно избавлял ее от замужества.

Цель свою, однако, Джулия реализовывала настойчиво. Отчаянно билась за пригласительные, любой ценой промыливалась на приемы и однажды все-таки встретила его. И вроде он даже в ее сторону посмотрел. Или близко прошел в конвое бодигардов.

Что бы там ни произошло, история стала быстро обрастать. Вскоре открылось, что он с Джулией в тот вечер о чем-то обмолвился, а затем просочилось и про романтический ужин.

Он якобы писал ей, но она по прочтении стирала. Конфиденциальность превыше всего, шпионы только и ждут, как бы взломать и шантажировать.

ЧЕРНЫЙ АСФАЛЬТ, ЖЁЛТЫЕ ЛИСТЬЯ

Выходило, у нее самый настоящий тайный роман. Скептики презрительно фыркали, доверчивые восхищались, все завидовали. Абсолютно невозможно, конечно, но чего в жизни не бывает.

На праздновании дня рождения нашей редакционной повелительницы я помогал Джулии расставлять по вазам букеты. Моя ничем не подпитываемая влюбленность потихоньку угасала, и настроен я был легкомысленно — успел незаметно приложиться к одной из привезенных для праздника бутылок.

И вот втыкали мы перехваченные лентами веники в хрустальные, стеклянные и любые другие жерла и запыхались. И Джулия вскарабкалась на подоконник, чтобы открыть высокое окно. А я сказал, что у нее ноги очень красивые.

После того случая Джулия стала уделять мне внимание. Вела со мной разговоры об одиночестве и тоске по мужчине. Щупала мои совсем не спортивные мышцы и восхищалась их крепостью. Осыпала комплиментами и какими-то туманными намеками, а когда однажды я, вконец осмелев, накренился в ее сторону, оскорбленно оттолкнула меня.

Как я мог! Она повода не давала и вообще не понимает, что со мной творится.

За этим наступило потепление, новые ласковые прикосновения, невзначай оброненные вздохи, приведшие к моей новой попытке, с упоением ею отвергнутой.

В Джулии обнаружилось неприятное свойство — приманивать с целью отказа. Я относился с сочувствием, потому что уже тогда понимал: женщины — создания загадочные. Коротая время в перерывах, я листал наш журнал и узнавал много нового. Например, в одном из номеров наткнулся на короткий наглядный комикс, снабженный несложным текстом. Комикс был посвящен тому, как доставить женщине наслаждение. Не будучи особо искушенным, я ничего нового для себя не открыл, но одна вещь поразила: оказалось, что если ее голова свешивается вниз, то впечатлений она огребет в сто раз больше. А если она и вовсе висит вниз головой, то насладится так, как и мечтать не могла.

ЧЁРНЫЙ АСФАЛЬТ, ЖЁЛТЫЕ ЛИСТЬЯ

Вернувшись домой, я тотчас лег на кровать и свесил голову вниз. Конечно, женщина из меня так себе, но решил прикинуть, каково это. Хотя бы отдаленно понять слабый пол, их внутренний мир, и все такое. Очень скоро в ушах загудело, на глаза стало что-то давить, вот-вот выскочат. Единственное, чего хотелось уже через минуту, так это встать на ноги.

На следующий день я расспросил редактора отдела личной жизни Дилю про эти дела вниз головой, в чем, типа, прикол. Диля сообщила что-то о мозговых центрах и, сославшись на занятость, беседу свернула.

Единственное, что я тогда уяснил окончательно, — женщины удивительные существа. И Джулия не была исключением.

Я продолжал все более нахальные посягательства, избавляясь тем самым от остатков чувств. Спросил Джулию, не хочет ли она попробовать вниз головой. Она бы могла легко сбить с меня спесь, если бы согласилась, но она только дулась и погружалась в себя.

Вконец обнаглев, я, наверное, совсем бы затравил Джулию, но редактор отдела моды, уже привыкшая со мной советоваться, выставила мою кандидатуру на обсуждение, и мне предложили немыслимую для курьера должность — уполномочили отслеживать любые касающиеся фотоматериалов недостатки во всех журналах издательского дома. Будь я женщиной, мое свойство замечать недостатки никто бы не оценил, его объяснили бы недостаточно насыщенной личной жизнью и гормональными сбоями. Но у мужчин есть привилегии.

Переезжать далеко не потребовалось — соседнее крыло того же здания.

На скромном чаепитии в честь моего повышения каждая из девочек по очереди произнесла доброе напутствие, Ника разрыдался, а Джулия подарила букет тюльпанов.

Приступив к выполнению новых обязанностей, я продолжил навещать ставшую родной редакцию, где новый курьер кочевой национальности обживал мое недавнее место.

Визиты мои неуклонно делались реже, и в один из них Джулия предложила пойти вместе на перекур.

Мы стояли на лестнице, я рассказал о себе,

ЧЁРНЫЙ АСФАЛЬТ, ЖЁЛТЫЕ ЛИСТЬЯ

расспросил ее, выразил восхищение нарядом.

Тут она и прижала свои губы к моим.

Те, кто говорит, будто мужчинам все равно, с кем и когда, глубоко ошибаются. Мужская природа тонка и не до конца изучена. Мужчинами правят хрупкие дуновения, которые принято считать грубыми инстинктами.

От поцелуя Джулии мне стало невероятно тягостно. Мое очарование ею к тому моменту окончательно улетучилось. Непроизвольное воображение нарисовало, будто она предлагает мне надеть старую, заношенную, нестираную, выброшенную уже одежду.

— Что же ты, поцелуй меня, — то ли велела, то ли попросила Джулия, пытаясь игриво преодолеть мою холодность.

Встретившись со слабым, даже жалобным, но все же сопротивлением, она мгновенно переменилась. Спросила, противна ли мне, и, получив самые горячие разуверения, схватила мои ладони и прижала к своей груди.

Столкнувшись с таким напором, я вынужден был соврать, что отдан другой и не могу нарушить клятву верности. Я наивно решил, что это охладит Джулию, а заодно заставит порадоваться за мою личную жизнь.

Мой расчет провалился. Несуществующая возлюбленная пробудила в Джулии настоящее бешенство. Она бесновалась, называла ее шлюхой, а меня предателем, беглецом и трусом. На крики сбежались. Она не унималась, забрызгала меня слюнями и потребовала вернуть тюльпаны.

На следующий день, немного волнуясь и одновременно гордясь своей честностью, я взошел по ступеням нашего ИД и повернул в нужное крыло.

Джулия была на своем месте. Когда я положил перед ней букет, она нарочно смотрелась в свое волшебное зеркало. Я замешкался, не обратить ли все в шутку, все-таки я принес ей букет, но, скосившись, она перебила мои мысли:

— Я дарила бледно-сиреневые, а эти алые.

***

Я все больше погружался в работу, делал рациональные предложения и совсем увлекся. На прежнем месте близких знакомых не осталось,

ЧЁРНЫЙ АСФАЛЬТ, ЖЁЛТЫЕ ЛИСТЬЯ

а разрыв с Джулией избавил от обязанности наносить визиты в соседнее крыло.

Прошло несколько месяцев, я почти ничего не слышал о ней, кроме того, что она испрашивала повышения, претендовала на место выбывшей по замужеству редакторши одного из разделов, но была отвергнута.

Осенью я получил от Джулии конверт с приглашением на свадьбу. Оттиснутые красивыми буквами на плотной бумаге слова сообщали о предстоящем торжестве такого-то числа, в такое-то время, в таком-то ресторане.

Имя жениха сохранялось в секрете.

Вместе с приглашением распространился слух, что Джулия выходит за того самого богача и холостяка, самого завидного жениха Федерации. Все этажи нашего издательского дома бурлили, виновница отсутствовала, заблаговременно взяв отпуск.

Привыкшие к самым разным поворотам, сотрудники поквохтали и успокоились.

Скептики уверяли, что подобное событие невозможно сохранить в тайне, и если бы это было правдой, то шумиха стояла бы невероятная. Такие не верили даже в саму возможность их знакомства, не то что свадьбы.

Другие с аргументами скептиков соглашались, но осторожно возражали, что теоретически возможно всякое, и приводили какие-то аналогичные, известные в основном по любовным романам случаи.

Кто-то ухитрился раздобыть номер секретаря жениха, позвонил и задал прямой вопрос. Отрицательный ответ ничего не прояснил, а лишь укрепил каждую из партий в собственной правоте.

Все ждали дня свадьбы с одинаковым любопытством.

Не зная, чем можно порадовать будущую жену миллиардера, я слонялся среди полок ее любимого магазина, о котором она мне когда-то рассказывала, пока не увидел пару увесистых сережек синего стекла. У моей ба таких была целая люстра.

И вот день настал. На подступах к назначенному заведению меня охватила тоска. Откуда-то возникла ясность, что с минуты на минуту жизнь моя необратимо изменится, и предотвратить это

ЧЁРНЫЙ АСФАЛЬТ, ЖЁЛТЫЕ ЛИСТЬЯ

никак нельзя. Я разозлился вдруг на то, что ничто нельзя удержать. Самое ценное неумолимо утекает, будто красивый вид за окном поезда, который не успел рассмотреть, и уже мчишься куда-то, все дальше и дальше.

На подступах не было скопления роскошных машин. Лишь длинный лимузин скучал неподалеку.

В дверях курила наша выпускающая. На моих глазах она дотянула одну сигарету и тут же зажгла следующую. Лицо ее выражало нечто странное, будто она, конечно, подозревала, но до конца не верила.

Я не стал расспрашивать и прошел в зал. Меня встретил бесстрастный распорядитель.

На пороге толпились сотрудники нашей редакции, некоторые сидели. За дальним концом длинного, уставленного угощениями стола расположилась Джулия в чудесном, сразу понятно, что каким-то большим мастером сшитом, платье.

Жениха нигде не было видно.

— Что же вы, девочки, ничего не едите. Французский повар старался. Белки с углеводами — иногда можно. Угощайтесь.

Увидев меня, она воскликнула: «А вот и ты!», назвав по имени-отчеству, и потребовала тост.

Официант не успел, и я налил себе сам из ближайшей бутылки.

Я сказал, что желаю ей счастья.

Сказал, что все мы любим ее.

Я хотел добавить еще что-то, но понял, что становлюсь похож на психолога, уговаривающего стоящего на подоконнике самоубийцу.

— Не правда ли, сегодняшний день оформлен совершенно в гамме Версаче? — то ли спросила, то ли сообщила Джулия. — Черный асфальт, желтые листья.

***

В клинике я ее навестил. Там все в застиранных халатиках бродили, и она тоже.

Стрижку покороче сделала и цвет изменила. У нянечки оказался парикмахерский талант.

На прощание она спросила, помню ли я, как похвалил ее ноги.

Потом Джулия выписалась и пропала. Говорили, родила от женатого и вернулась к матери в свой то ли лагерный, то ли курортный городок.

ЧЕРНЫЙ АСФАЛЬТ, ЖЁЛТЫЕ ЛИСТЬЯ

Прошли годы. Я познакомился с целеустремленной девушкой, мы задумались о жилищных условиях и потомстве. Первое должна была обеспечить доставшаяся мне от предков квартирка и мой же стабильный заработок, второе гарантировали ее фертильность и пышные эндометрии.

Тут наш издательский дом и закрылся.

Снова осень. И октябрь, как когда-то точно подметила Джулия, оформлен совершенно в гамме Версаче — черный асфальт, желтые листья. Вчера была прощальная вечеринка.

За прошедшие годы во мне проявилось семейное свойство — страх толпы. Дед мой тоже толпу не любил — служил командиром пулеметной роты.

Я устроился на галерке за полупустым, заваленным подсыхающими яствами столом. Внизу, в зале, шушукались, чмокались и угощались знать и рядовые почившего ИД. В том числе и моя бывшая главред. Нюх ее не подвел — уже пару лет назад, не дожидаясь унизительного увольнения, она соскочила. Теперь что-то курирует и кого-то консультирует на почетной марионеточной должности. На потолке было очень похоже нарисовано звездное небо, рядом сидели дамочки из разных редакций. Общим числом три: старая, молодая и бухгалтерша.

Я быстро выпил бутылку белого и раскрепостился. Наплел что-то старой. Она позвала в туалет, курить.

Отказался, я все-таки почти женатый человек. Она ушла одна. Я порылся в ее сумочке. Помада, кошелек, таблетки. Ссыпал в рот сколько было.

Молодая смотрела с ужасом и восторгом. Бухгалтерша не заметила, ее увлекли выходки нашего, теперь уже бывшего, генерального, куролесящего на сцене в парике, который он, видимо, считал очень смешным.

Когда старая вернулась, я уже что-то шептал молодой, не забывая, впрочем, что я почти женатый человек.

Потом что-то им обеим, старой и молодой, не понравилось, они ушли, а бухгалтерша взялась меня жалеть. Мол, какие мы все бедные, за что же нас уволили и что теперь будет.

Культурно попрощавшись, я покинул помещение. Над головой снова чернело небо, в котором, вместо множества мелких звезд, была провернута одна большая луна.

Я трясся по разноцветным подземным веткам. Можно было бы на такси, но водители разговорчивы.

Дома встретила моя. Я предложил заняться размножением не откладывая.

Она не протестовала.

Передо мной стали мелькать старая, молодая, бухгалтерша и почему-то наш генеральный в своем парике. Пока я от него отмахивался, моя отодвинулась.

Сказала, что я теперь не только безработный, но еще и путаю ее с другими, один из которых мужик. Она так не может, и мне лучше убраться.

***

И вот я лежу на полу в соседней комнате, под бабушкиной люстрой, которая занимает все пространство и весит не меньше тонны.

Когда-то она обошлась в целое состояние. Дед был хоть и пулеметчик, но перспективный. Ставка ба оправдалась. Ей бы на ипподром.

В юности она в общежитии кроватные ножки в жестянки с керосином ставила, чтобы клопы не наползли. Потом следом за Вторым Белорусским фронтом санитаркой подбирала еще дышащие красноармейские организмы. Там и встретила деда.

Старшим школьником я позвал приятелей, мы хлебнули, и как-то вышло, что я зацепил люстру ногой. Кажется, один из гостей поднял меня вместо штанги. Люстра лишилась части хрустальной бахромы, и я очень боялся, что ба мне устроит. А она, когда увидела, сжала мою руку своей цепкой лапкой и сказала, что в жизни главное…

Что же она сказала…

Не помню, но точно не чешский хрусталь.

Теперь никого из моих не осталось, смотрю на люстру и думаю, что в ней нет изъянов, даже сколы, нанесенные моей ногой, ее украшают.

Вот только хорошо ли она закреплена?..

Бетон состарился, искрошился, резьба на крюке наверняка ослабла, и бабушкины сбережения, дедушкин подвиг, все завоеванное и нажитое вполне может на меня обрушиться.

ЧЕРНЫЙ АСФАЛЬТ, ЖЁЛТЫЕ ЛИСТЬЯ

С кухни доносится запах кофе — надо бы бежать прочь. Хотя бы встать, водички попить, но шевельнуться не могу.

Лежу опухший и красивый, будто все уже случилось. Будто придавило меня синими кристаллами, и выбраться из-под них мне уже не суждено.

***

Я поднялся и, ослепнув на секунду от головокружения, сделал первый шаг.

КРЕЩЕНСКИЙ ЛЁД

На следующий день после праздника Крещения брат пригласил к себе в город. Полгода прошло, надо помянуть. Я приоделся: джинсы, итальянским гомиком придуманные, свитерок бабского цвета. Сейчас косить под гея — самый писк. В деревне поживешь, на отшибе, начнешь и для выхода в продуктовый под гея косить. Поверх всего пуховик, без пуховика нельзя, морозы как раз заняли нашу территорию.

Только выхожу за ворота, а староста нашей деревеньки Петрович тут как тут. Весь православный люд ночью окунулся, я же святым ритуалом манкировал. В жизни не окунался. Хо-

лодно. Староста описал ночное купание весьма живописно:

— Да ты окунись, окунись! Я вижу, у тебя крестик на шее, — говорил по-свойски староста, хотя на шее у меня в тот день, кроме трехдневного засоса, да и тот глубоко под шарфом, ничего не было. Я спорить не стал, эти верующие сейчас такие ранимые, только их чувства оскорбишь, они тебе петлю на шею вместо крестика. Петрович в очередной раз что-то мутил:

— Надо нам объединяться… — произнес он и многозначительно умолк.

— А что случилось? — спросил я, беспокойно поглядывая в сторону остановки — как бы автобус не пропустить.

— Дай им волю, они наше озеро засыплют и синагогу поставят или памятник Холокосту своему, — он кивнул на дом между его и моим. — Вон, в Птичном, уже детки черненькие по улицам бегают!

Все жители деревеньки нашей считают владельцев дома, что между мной и Петровичем, евреями. Слух пустил Петрович. Не без участия моей матушки. Они вместе обсуждали какие-то вопросы деревни, канаву, что ли, водоотводную копать общими силами собирались, и «евреи» отказались деньги на канаву сдавать. Канаву так и не выкопали, а слушок пошёл. Матушку мою не нагреешь, она еврея за версту чует. «С папашей вашим обожглась, зато поумнела», — говорит она нам с брательником, когда вместе собираемся. Думаю, мать права, домик и людишки тамошние очень странные. Одних телевизионных антенн пять штук висит. Как на радиолокационной базе, ей богу. Ну ладно две — одна для обычного телевизора, другая для еврейского, но пять-то зачем? Да и с нами у них нехорошо получилось, спор из-за земли вышел. Петрович сделал неправильные замеры, евреи, или кто они там, поставили забор, но вскоре обнаружилось, что забор сдвинут на полметра в нашу сторону. Петрович сразу позабыл, кто замерял, и накинулся на евреев с обвинениями. Мол, нечего было спешить забор городить, надо было сначала геодезистов вызвать, чтобы они все по спутнику выверили. Так переполошился, будто у него землю оттяпали, а не у нас. Но на то евреи и евреи, чтобы первым делом ото всех отгородиться. Боятся они всех, что ли, или скрывают чего? Короче говоря, хоть староста и ошибся в замерах, но землю у нас оттяпали незаконно, по-еврейски как-то. Приезжали комиссии, перемеривали, пришлось евреям забор передвигать. Передвинуть передвинули, но осадочек остался.

С тех пор Петрович, у чьего деда еврейские комиссары в свое время отобрали мельницу, взялся за дело всерьез и стал выводить на чистую воду все их еврейские секретики. То они в лес мешки с химическими отходами сбрасывают, то в гараже своем поддельную стеклоомывательную жидкость разводят.

Обеспокоенная нарастающей в деревне антисемитской кампанией, тамошняя женщина с горбинкой, в смысле, что на носу у нее горбинка, еврейская женщина, короче, позвала нас с матерью на чай — продемонстрировать свой миролюбивый настрой, а заодно и то, что никакого подпольного цеха они не держат и радиоактивных отходов не хранят. Плюс загладить инцидент с землей. Дом оказался довольно путаным, с какими-то ходами и переходами, которыми женщина очень гордилась, но главным моим впечатлением стал не дом и не зефир в шоколаде, а знакомство с отопительной системой.

Система располагалась в цокольном этаже и представляла собой помещенный в желоб, длиннющий и достаточно широкий в обхвате винт, наподобие тех, что крутятся в мясорубке. Винт этот следовало кормить дровами, которые он сам перемалывал и отправлял в топку. Она и нагревала жидкость, бежавшую по трубам еврейского дома. Хозяйка торжественно включила механизм, и тот начал с хрустом крошить поленья из русских березок и отправлять их в огонь. Хозяйка раскрыла перед нами топку. Пахнуло так, что ресницы оплавились, и мы отскочили. Показалось мне в то мгновение, что гостеприимная еврейка — на самом деле коварная колдунья, которая заманила нас и теперь изжарит, подаст своему сыну и всему своему кагалу на ужин, и обглодают они мои бедные, тоже, надо признаться, не совсем русские косточки, и закопают тайно в лесу, и только Петрович будет об этом знать, да никто ему не поверит.

— Перемалывает и сжигает! — ликовала хозяйка. — А золу на огород!

Тут гигантское сверло заскрежетало, взвизгнуло и замерло. Стали изучать, ничего не поняли.

— Надо вызвать мастера, — заключила мать и заторопилась.

Мы поспешно откланялись. Позже узнали, что хитрый механизм заклинило — подавилась еврейская машинка русскими берёзками. Исправление агрегата встало бы так дорого, что решено было заменить систему отопления на обыкновенную электрическую, на огород ничего не ссыплешь, зато работает. Почивший же дьявольский винт так и остался в доме, демонтаж его требовал разрушения стен. Топку тоже решили не трогать, приспособили для сжигания мусора. Наверняка и токсичными отходами не брезгуют, нет-нет, да сунут в огонь что-нибудь токсичное.

У матери с евреями особые отношения. Из-за моего папаши. Никаких памятников Холокосту он в жизни не строил, его проект участвовал однажды в конкурсе на очередной такой памятник, но не выиграл. Отец предлагал где-то в Польше или на Украине огромный крест поставить, но евреи не согласились. А сам он не то чтобы еврей, просто от деда фамилия досталась своеобразная.

Отец никогда себя евреем не считал. Даже на лечение в Израиль ехать отказался. А я милым ребенком был, это потом вдруг шнобель отрос и вся рожа какой-то нездешней стала. Недаром наша еврейская соседка в тот раз все зефиром меня потчевала — почуяла своего. Вообще у меня между отражением в зеркале и внутренним миром большие противоречия. Если б я выглядел, как мой внутренний мир, мог бы запросто викинга в кино исполнять. Тем более мать не еврейка. Из-за чего, кстати, пейсатые меня за своего не признают. Зато все остальные к ним причисляют. А какой я еврей, только нос и фамилия — Израиль.

Братец же мой старший, Серега, кстати, не Израиль, а Подковкин. Хотя с виду он как раз больший Израиль, чем я, копия отца: шнобель, очки, лысина. Родители ему материнскую фамилию дали, чтобы с институтом проблем не было, а я уже в пору демократических перемен рос. Мальчишкой я однажды спросил мать, почему я Израиль, а не Подковкин, а она ответила ласково: «Не твое собачье дело». Позже узнал: мать в Израиль планировала, там пенсия выше, меня в качестве неопровержимого аргумента растила, приговаривая: «Хоть какая-то польза от папаши будет». Но сборы затянулись. До сих пор собирается.

А Серега Израилем просто не выжил бы. Он и так псих. Я в принципе тоже. Но он больше. Наверное, потому, что на десять лет старше. У нас в стране каждое старшее поколение больше не в своем уме, чем последующее. И все в целом психи, потому что родители-психи детям диагноз передают.

— Кого отец любил? Маму? Нас? Эту свою, последнюю? Или вообще никого не любил. Не понимаю… — рассуждает Серега.

Я таки до города, до брательника своего, добрался. Сидим перед низким столиком, на котором помимо купленных мною закусок три большие банки соленых огурцов стоят.

— Холынские. — Серега взял одну банку, колыхнул.

Огурцы выплыли сонными рыбами из рассольной мути и стукнулись тяжелыми лбами о стекло.

— Редкий деликатес. На работе ценители угостили. Знаешь, как их солят?

Я покачал головой, секрет засола холынских огурцов мне неизвестен. А Серега ботан, все знает.

— Есть такая знаменитая деревня — Холынья, там уже полтыщи лет огурцы солят в бочках, которые зимой держат в реке, отчего огурчики просаливаются по-особенному, становятся крепкими и хрустящими, — сообщил Серега, будто читая статью из Википедии.

Тут бы просунуть руку в стеклянный ободок баночного жерла, достать по огурчику, откусить. Серега даже банку открыл, но вовсе не для того, чтобы выудить закуску. Все пространство поверх рассола и под самую крышку было заполнено пышной, пенящейся, словно ванна какой-нибудь телезвезды, плесенью. Только сняли крышку, пена встала шапкой и комнату наполнила густая вонь, от которой, без преувеличения, сразу стало некуда деться. Серега крышку тотчас обратно нахлобучил, но все равно пришлось проветривать. И выпить, чтоб от холода не околеть.

— Папа меня к огурцам приучил. Помню, я малышом был, мы с ним рассаду сажали, потом в парник на майские, а потом рыщешь рукой среди листьев, нащупываешь. Крепкие, колючие немножко, как женская ножка.

Я скосился на Серегу, но он своих аллюзий эротических не разъяснил.

— Давай эту понюхаем, — Серега другую банку придвинул. — Еще он закатывал.

Соление огурцов было папашиной страстью. Хотел быть русее русского, огурцы солил, косой любил помахать, разве что в плуг не впрягался.

Серега откупорил банку, на дне которой плавало два-три заготовленных овоща. Гладь рассола покрывал красный бархат. Плесень была не такой пышной, как у холынских, зато радовала редким, богатым цветом. В нос ударил пряный аромат. Поплыли мысли об аэропортах восточных стран и тамошних борделях.

— Меня отец не хотел. Да и мама, кажется, тоже, — вздохнул я без всякой грусти, а скорее с весельем человека, который давно пережил яркое событие и теперь рад: есть чем прихвастнуть. — Пошла делать аборт, и врач просто дал ей таблетку. Ранняя стадия, таблетки достаточно. Через неделю пришла провериться, таблетка не помогла. Тогда назначили процедуру. И тут у них что-то там сломалось, кажется, кресло. Назначили на другой день, но она больше не ходила. И вот он я! Наверное, из-за этого мне никакие таблетки не помогают.

Серега покивал не глядя. Я ему благодарен, что не перебивал. Знает он эту историю. Мать каждый мой день рождения ее рассказывает. Серегины воспоминания про огурцы мне тоже наизусть известны. Тем не менее выпили за Крещение и за обстоятельства, позволившие мне родиться на свет. Сработай тогда таблетка, не сломайся кресло в медицинском кабинете, не нюхать мне плесени знаменитой холынской, не вдыхать закисшего папашиного рассола. В третьей банке плесень была и не плесень вовсе. Так, пузыри.

— Нюхнешь? — Серега протянул мне банку. — Тоже папашины. Еле от матери сберег, в унитаз хотела вылить!

Матушка наша иногда наведывается к своему старшенькому, прибирается, продукты привозит, ходит с ним в магазин новую одежду прикупить.

Нюхать я отказался. Чего там нюхать. И без нюхания ясно — пахнет кислятиной и нищим прошлым.

Серега снял крышку. По комнате разнесся тонкий аромат ранней весны, в котором смешивались запахи запревших под снегом листьев, распускающихся цветов и тел усердных дворников, подметающих улицы. Показалось даже, что аромат остановил мороз, лезущий в приоткрытое окно.

Насладившись обонятельной дегустацией, мы прошли по протоптанной по полу дорожке на кухню и поставили банки на подоконник. На место их постоянной приписки. Серега в этой съемной однушке только спит, остальное время на работе, выходные с сыном. Передвигается одними маршрутами, оттого и дорожки образовались. Как на садовом участке. Легко можно вычислить передвижения хозяина: кровать — туалет — кухонный стол — раковина. Тропки различаются довольно явственно, давно мать не приезжала.

— Не могу выбросить. Посмотрим, что через месяц будет. — Серега погладил банки. — Мне иногда кажется, что из этой плесени кто-то родится.

КРЕЩЕНСКИЙ ЛЁД

По своим следам вернулись к еде и напиткам. Так, ступая след в след, ходят по снегу и грязи разведчики. Серега из-за своего немного маньяческого взгляда и вправду походил на еврейского диверсанта, отправившегося по русскому снегу в арабский тыл.

— Думаю, они из-за тесноты разошлись. Однушка, двое детей, ссоры. Мать просто взяла и уехала в деревню. А эта, его последняя, была против того, чтобы мы общались. Боялась, мы на квартиру претендовать будем. Только недавно стали видеться. Он не сразу мне позвонил, когда диагноз узнал. Неудобно, говорил, было, вроде как я ему понадобился, только когда приперло... Знаешь, что он сказал мне перед тем, как... это?

Брат запрокинул голову, приоткрыв рот и закрыв глаза. Типа умер.

— Он сказал: «Будь здоров».

Мы выпили. И погрузились в думы. Особенно Серега, у него к раздумьям склонность. От умственной натуги глаза его взбухли, морда зажглась бурым.

— А что там, кстати, с квартирой?

— Все этой своей оставил. Я у нее попросил что-нибудь на память, угадай, что она мне дала?

Серега подошел к шкафу, порылся, вытащил куклу Буратино с тряпичным туловищем, тонкими ручками-ножками-шарнирами из гладкого дерева и круглой головой. Без носа.

— Узнаешь?

Для меня встреча с безносым Буратино стала вроде очной ставки палача с жертвой. Это была любимая игрушка Сереги. Когда я начал ползать, отец решил, что длинный острый нос Буратино опасен для меня, и отрезал его. Положил голову Буратино на колено и спилил ему нос.

Серега протягивал мне Буратино. Деревянные ручки, ножки и изуродованная голова свисали.

— Зачем он это сделал? — спросил Серега.

Так на агитплакатах обезумевшие матери спрашивают фашиста, зачем он заколол штыком их дитя.

— Серега...

— Ты не виноват.

Брат всучил мне куклу, обхватил голову руками и начал тосковать.

— Он говорил, я не его сын. Не похож на него.

— Он шутил, — успокаиваю брата. — Ты вылитый отец. Нос, очки, лысина. Просто он не мог признать, что сам выглядит так же.

— Надо уезжать. Не могу я больше здесь, — сказал Серега, вскочил неожиданно — и к вешалке.

Есть у него пунктик — в даль рвется. В пустошь какую-то. Или пустынь. В леса. По святым местам. Подальше. Смысла жизни искать. У него это всегда было, но как жена ушла — обострилось. Однажды он аж до вокзала добрался, где я его и подобрал. Проку никакого, только мать волнуется.

Над вешалкой, как специально, картинка висит, забыл, какого художника. Французы в обрывках мундиров, замотанные в какие-то тряпки, бредут сквозь русскую метель.

Я перекрыл дверь своим телом.

— Серег, а давай фотографии посмотрим! — Серега забился в уголок, подвывает. В пустошь свою тянется. А я потом за ним бегай. И куда ему, времена не те, не принято теперь босиком с посохом по Святой Руси странствовать. К странникам нынче без всякого респекта относятся, или гопники поколотят, или менты бутылкой из-под игристого оттрахают. Да и простудится он в такой мороз.

— Какие фотографии! Жизнь проходит, а ты со своими фотографиями!

— Наши детские фотографии. Я отсканировал и в фейсбуке выложил. Пойдем, покажу.

Деревянного калеку я сунул под диван. Усадил Серегу. Включили экран. Вот и фотографии. Укутанный по-зимнему Серега с родителями на прогулке, я делаю первые шаги. Больше нет фотографий. Серега вообще фотографироваться безразличен, а я раньше имел к собственным изображениям большой интерес, но в последнее время как-то поубавилось.

— А ты что-то давно ничего не размещаешь? — я решил отвлечь его разговором.

— Чего размещать-то? — буркнул Серега.

— Давай к тебе на страничку зайдем, разместим что-нибудь!

Зашли к нему на страничку.

— Сколько у тебя сообщений непрочитанных!

Он открыл первое. Одноклассник. Второе — реклама. И целых три от миленькой блондинки, совсем не еврейки. «Вы мне понравились... Вы выделяетесь среди других... Вы такой необычный, интересный человек...»

— Если девчонка пишет, что ты интересный человек, надо звать ее в гости. Кто такая?

— На свадьбе у коллеги познакомились.

Не думал, что он по свадьбам шастает.

Посмотрели ее альбом. Пляж, дача, кругленькая попка, высокий лоб, загорелые острые локти, десятилетний сын. Время, когда начинаешь крутить с матерями-одиночками, наступает незаметно.

— Пиши ей ответ!

— Сейчас нет настроения.

Жена с год как отчалила, а у него настроения нет! Серега целые дни на работе, а остальное время тоскует. Думаю, он влюблен. В девушку, которой в природе нет. Ощутимые девушки, которые вот они, его угнетают.

Серега настукал начало: «Вы мне тоже понравились»...

— Сдурел?! Пиши: «Ты»... «Ты», а не «вы», ломай барьеры одним ударом! «Ты мне тоже очень понравилась, думаю о тебе, очень хочу встретиться, но свалился с простудой, пью кипяток, нет сил выйти в магазин, купить мед».

Написал. Слово «очень», правда, убрал, вышло, что она ему просто понравилась, а не очень. И насчет меда спорил. У него аллергия на мед. Но на меде я настоял. Мед сам по себе настроит блондинку на правильный лад. Проконтролировав отправку письма, я потирал ладони от удовольствия: не успеет он завтра проснуться, как блондинка напишет, что везет свою круглую попочку прямо к нему. А завтра как раз выходной. Притворится больным. В случае чего скажет, полегчало от одной мысли, что вот она к нему приедет. Я радовался Серегиному грядущему успеху как своему. Нежеланные дети знают, как надо извернуться, чтобы стать желанными.

— Это что?!

Восклицание мое касалось его семейного статуса, указанного на страничке.

— Женат?! Вы же год вместе не живете! Удивляюсь, что тебе вообще кто-то пишет. Это надо Марией Магдалиной быть, чтобы с женатым связываться! Меняй сейчас же!

— Неудобно. Таня узнает.
— У нее же другой! Меняй!

Для романтики я предложил «вдовца», но Серега отказался. Долго выбирали между «без пары», «в поиске» и «свободные отношения». «Без пары» отдает безнадегой, «в поиске» звучит болезненно. Удачливый джентльмен не может быть в поиске. Он же не какая-нибудь Холли Голайтли, прилепившая на свой почтовый ящик «путешествует». Остановились на последнем варианте.

— Ну ты и еврей, — хлопнул меня по спине новоявленный и сразу осмелевший любитель свободных отношений, отдавая должное моей ловкости в амурных делах. — А чего это у тебя снежинка шестиконечная?

Я свернул голову так, чтобы видеть рукав свитера, на котором вышита снежинка. И вправду, шесть концов. Снежная звезда Давида. А я и не замечал. Ай да Серега, кровинушка материнская, не проведешь.

Братан повеселел. Спросил, не окунался ли я уже. Он, видите ли, вчера окунулся в ближайшем водоеме…

В деревню я вернулся на последней маршрутке. От остановки шел мимо пруда. Почему бы, в самом деле, не окунуться? Так и помру неокунувшимся.

Мать уже спала. Я разделся, только угги и пуховик оставил. И топор взял — прорубь наверняка льдом прихватило.

Подбежал к проруби и все с себя скинул. А мороз такой, что аж небо опустело — звезды попрятались. Подтаявшая днем тропка вся в застывших отпечатках сапог — голым ступням больно. Прямо передо мной лежал черный крест оторочённой снегом проруби. Единственный уличный фонарь светил в затылок, и, обладай я незаурядной фантазией, предположил бы, что крест — это тень, которую я отбрасываю.

Ну я и давай рубить. А лед крепкий. Звон, осколки, густо-белые трещины по глади.

— Тебе жалко, что ли? — заискивающе улыбался я то ли льду, то ли воде подо льдом. — Петрович окунулся, все окунулись, Серега и тот окунулся, а мне что, нельзя? Я ничего не испорчу, я из любопытства!

КРЕЩЕНСКИЙ ЛЁД

Ноги окоченели, со спины будто кожу содрали. Если увидит кто, не догадается, какого полу перед ним православный, так всё съёжилось. Как человек, попавший в неловкое положение, я огляделся с усмешкой, желая показать возможным наблюдателям, что мне и самому смешно. Выходящие на пруд окна домов были темны, но мой стук наверняка кого-нибудь разбудил, и сейчас один из моих соседей вполне может смотреть на меня и потешаться. «Видать, грехи не пускают. Все добрые люди вчера окунулись, а Израиль вон только опомнился! Всё, поздно, вчера будьте любезны, а сегодня шиш с маслом!»

Тут окошко еврейского особнячка — бац! и зажглось. Торшерчик у них там такой, уютненький. А вот и силуэт. Мужской. Значит, один из этих евреев смотрит, как я голый скачу с топором вокруг прорубленного во льду, но замёрзшего креста, и как пить дать злорадствует. Сами-то не окунались в святую ночь. А вот если бы прорубь в форме звезды Давида была, тогда б окунулись? Полезли бы эти чернявые носатые очкарики... да, носатые, носатые, носатые!!! Я не виноват, что Буратино отрезали нос! Я не просил!

И что брат у меня носатый очкарик, я тоже не виноват! И я носатый! И фамилия моя Израиль, а не Подковкин! Не знаю, кого больше люблю, маму или папу! Я не виноват, что евреи распяли Христа и устроили в России революцию! Не виноват, что евреи отняли у дедушки Петровича мельницу, убили тысячи русских! А может, даже и миллиарды! Не виноват, что после перестройки евреи все украли! Не виноват, что еврейские танки что-то постоянно обстреливают, еврейские мудрецы жрут детей, еврейские соседи отравляют лес ядерными отходами!

А если в форме свастики была бы прорубь? Полезли б евреи в воду плюс два — плюс четыре градуса Цельсия? Я бы полез! Плевать я на все хотел! Только еврей из меня хреновый. Нормальный еврей, если бы и полез, то запасся бы бензопилой, не мерз бы, как цуцик, продолбил бы дыру, не оказался бы в таком дурацком положении.

Почувствовав, что околел нестерпимо, еще немного — и пошевелиться не смогу, я решил бежать с места неудавшегося омовения. Впрыгнул в угги, накинул пуховик, топор в руку — и кинулся по заметенному, будто плесенью покрытому, льду к берегу. Но не по дорожке, которой пришел, а коротким путем, наперерез, прямо к нашей калитке.

«Недаром я, Израиль-Подковкин, атеист. Смешны мне ваши религии! Надо же до такого додуматься — купаться в ледяной воде! Варварство!..» — бубнил я, как человек отвергнутый и убеждающий сам себя в том, что не больно-то и нужно.

Тут лед подо мной и проломился.

В угги хлынуло, словно в трюмы «Титаника», вода обварила тело; почки, печень и легкие скакнули под самое горло и лапки поджали, чтоб не залило. Полы пуховика распластались по сторонам, как подол платья. Цепляясь свободной рукой за обламывающиеся ледяные края, я стал хватать ртом воздух, быстро и возвышенно думая, что могу прямо сейчас вот так вдруг взять да и отправиться туда, куда двадцать два года назад меня чуть не отправила таблетка врача, куда полгода как отчалил мой отец. Вся жизнь пронеслась перед глазами. Я не сразу понял, что погрузился только по грудь, захлебнуться никак не получится.

Вспомнился самый страшный грех наших евреев, о котором поведал Петрович. Используя потайной сток, они сливают в пруд нечистоты. От еврейских ли помоев вода с этого края никогда не замерзает или от того, что ключи здесь сильные бьют, не знаю. Но как я мог про это забыть?!

Тем временем я стремительно превращался в один большой холынский огурец: принятая Богом нижняя половина стыла в святой воде, а верхняя, оставшаяся неомытой, начала похрустывать и покрылась пупырышками.

Ступая в чавкающем иле, я двинулся к берегу. Аккуратно, чтобы не наступить на рыбу. Рыбы-то зимой спят, не хотел бы я, чтоб на меня наступили, когда я сплю. А с другими надо поступать так, как хочешь, чтобы поступали с тобой.

Держа, вопреки вопиющему мелководью, топор и телефон над головой, я выбирался из загрязненной евреями, но все же святой воды.

А может, все-таки целиком окунуться? А то выйдет — я подмокший, а не окунувшийся. Да и то как-то все низом пошло. Правда, сточные воды эти, еврейские... Можно снежком обтереться. Снег тоже вода, только не жидкая...

КРЕЩЕНСКИЙ ЛЁД

Как был в пуховике, я стал приседать, стараясь омыться целиком, перекладывая телефон из одной руки в другую.

«Я не хотел… прости, Серега… прости, Буратино… я не хотел, чтобы тебя так…»

Выполз на берег. Ледяная тишина гудела. Сосны отморозили носы-сучки.

— Сосед, ты в порядке?

Этот вопрос чуть не спихнул меня обратно. И кто же это?! Еврейский муж! Увидел меня в окошко и приперся спасать. С мотком автомобильного троса. Хотел меня крюком из нечистот своих выловить.

Запахиваясь, я мотнул топором, закутанный собеседник мой отскочил.

— В-все х-хорошо! Вот реш-шил ок-кунуться.

— Как вода?

Я не ответил, а сосед ткнул пальцем в мою правую ногу.

Оказалось, я выбрался на сушу на одну ногу босым. Правый сапог засосало. Стащив оставшийся, я, неистово шевеля каменеющим телом, под уговоры соседа «не надо» полез назад в ледяной пролом, шаря в колышущемся небе. Звезды от любопытства повылезли и, глядя на меня, мелко тряслись.

Ничего не нашел. Сплошная жижа. Надо будет весной таджика сюда загнать, пусть поныряет.

— Ну, п-пойду, — махнул я соседу и пошкандыбал к дому. Прямо безлошадный драгун, отбившийся от наполеоновского стада. Бреду, дрожа, по земле, где я чужой, и только снежок под ногами хрустит.

Треньк. Эсэмэска. Раз в такое время пишут, значит, важно. Едва попал пальцем по кнопке.

«Она сейчас приедет с медом. Что делать?! У меня ж аллергия».

АЛЕКСАНДР МАЛЕНКОВ

ПУЛИ НАД КУТУЗОВСКИМ

Живя суетливой городской жизнью, как-то теряешь способность долго удивляться чему бы то ни было. Я уверен, что если к нам официально прилетят инопланетяне, это событие займет граждан не более чем на десять минут. В новостях скажут «Долгожданный официальный контакт состоялся, генсек ООН выразил надежду на плодотворное сотрудничество», ведущая Екатерина Андреева, может быть, даже поднимет одну бровь, граждане обменяются впечатлениями типа «Офигеть!», а потом побегут по своим делам. Ну прилетел там кто-то, а у меня зубной в три, за две недели записывался, что мне теперь — без

зубов ходить? Как говорится, камешек в ботинке волнует меня сильнее, чем судьбы мира.

Я прочувствовал на себе всю справедливость этого утверждения в 1993 году, когда происходила осада Белого дома в Москве. Я вырос в этом районе. По часам на здании Совета Министров СССР я в детстве ориентировался, не пора ли уходить с горки. (Потом этот дом переименовали в Белый, часы расстреляли и заменили гербом.) Тут была моя школа, жили мои друзья, собственно, я тут живу и сейчас.

Так вот, как все помнят, в сентябре 1993 года Ельцин не поделил страну с парламентом и в центре Москвы началась стрельба из танков. Эпицентром боевых действий был тот самый Белый дом. Я жил через реку, мне был 21 год. Когда началась заварушка, я отдыхал на Оке с друзьями и палатками в изоляции от цивилизации. Всю дорогу домой в электричке я проспал и вышел на площадь Киевского вокзала в бодром неведенье о неприятностях на моей Родине, как малой, так и большой. Рюкзак был тяжелый, поэтому я решил взять такси, благо ехать две минуты. На мое предложение проехать до Калининского моста таксисты нервно смеялись, вздрагивали, говорили: «Нет уж, я жить хочу» — и давали газу. Я с раздражением, но без удивления отметил про себя, что люди возле Киевского вокзала сегодня особенно невменяемы, и потопал домой.

Дома мама провела краткую политинформацию, предостерегла от прогулок по Кутузовскому проспекту и стала выяснять, хорошо ли я кушал в походе. Баррикадами по соседству нас было не пронять, мы это уже проходили в 1991-м.

Район жил своей жизнью, с легкой поправкой на режим боевых действий. Соседи обменивались сведениями, какой магазин теперь закрыт и какие автобусы не ходят. На лестничном пролете был временно введен мораторий на курение — на стене, напротив общественной пепельницы из консервной банки, красовались дырки от пуль. Несмотря на явную опасность для жизни, возле Калининского моста толпилась тьма народу — в основном зеваки, но были и корреспонденты с телекамерами. Кстати, многие счастливчики, у которых окна выходили на мост, неплохо поживились, пуская телевизионщиков поснимать из окошка. Я, помнится, ездил наниматься на свою первую работу на «Автозаводскую». «Ну как там? Стреляют?» — спрашивали меня в отделе кадров. «Стреляют», — отвечал я. «Понятно, — говорили в отделе кадров, — трудовую книжку принес?»

Тогда, в двадцать один год, я очень смутно представлял себе, кто там хороший, кто плохой. Вроде бы Ельцин был хороший. Да меня это и не интересовало в моем тогда юном возрасте. Меня интересовала моя девушка, которая должна была вот-вот вернуться с отдыха. Мы как-то слегка поспорили о ценности наших отношений перед ее отъездом, и теперь мне не терпелось с ней увидеться.

Вика жила сразу за гостиницей «Украина», на 11-м этаже. Она прилетела вечером, мы созвонились, она звучала прохладно. Ее родители куда-то очень удачно уехали, и я сказал, что приду. Мама пыталась меня не пускать — с улицы слышны были выстрелы, то одиночные, то очереди. Теоретически была вероятность поймать шальную пулю, летящую вдоль по Кутузовскому. Я сказал маме, что пойду дворами, а проспект перебегу по подземному переходу.

Я вышел на улицу и почувствовал себя героем романа Ремарка — кругом смерть, опасность, а он идет под пулями навстречу своей любви… Людей не было, я быстренько добежал по составленному маршруту. Поднялся к Вике, позвонил маме, пообещал не стоять у окна. С 11-го этажа Белый дом был как на открытке. Мы потушили свет, чтобы не привлекать внимания, и начали выяснять отношения. Не помню уже, в чем была суть… Что-то из серии «любишь не любишь, плюнешь, поцелуешь». Среди ночи танк пальнул по Белому дому. Дом задымился, из окна показалось пламя. Мы говорили тихо, и из беседы вытекало, что нам пора расставаться. Это было грустно. Мы замолкали и смотрели, как пожар разрастается. Помню, в темноте на Викином лице даже играли блики от огня — горящий Белый дом в ту ночь работал у нас камином. Потом пили чай в темноте, вспоминали какие-то смешные случаи, рассказывали, кто как провел лето… Дом догорал, и я думал, что вот, и наши отношения догорают. Мы решили, что наш роман окончен, и под утро я пошел домой. Через год мы поженились, через восемь развелись, Белый дом починили, и все мы живем сейчас, как будто ничего этого не было.

ДЫШИТЕ РОВНЕЕ

Доктор посоветовал мне поменьше нервничать. Прекрасный совет, док! Правда, это, как бы сказать, не только от меня зависит. Вы уж и всех остальных тогда тоже предупредите.

Чтобы, например, пришел я в банк, а там очередь, и только одно окошко работает. Подхожу к менеджеру — видите ли в чем дело, мне нельзя нервничать, а у вас такая ситуация, что могу не сдержаться. И менеджер срочно по селектору — внимание! У нас ситуация! Пришел человек, которому нельзя нервничать! И все сразу как забегали, как заобслуживали — вы не успели понервничать? Слава богу, пронесло!

ДЫШИТЕ РОВНЕЕ

Запретили мне нервничать? Ну, смотрите, доктор, я вас за язык не тянул. Вот телефон, звоните моему начальнику. А то я что-то нервничаю из-за денег. Вы ему только скажите, что нельзя, мол, сотруднику волноваться. Он сразу зарплату прибавит, начальнику-то и в голову не приходило, что я такой чувствительный. Да я тут списочек телефонов оставлю — автосервис, домоуправление, налоговая. Просто поставьте их в известность. Я бы и сам позвонил, но, боюсь, не сдержусь — а мне ж нельзя.

С женой сам поговорю. Жена, скажу, вот справка, так что теперь новые правила, записывай. Никаких звонков «Ты где, когда будешь?». А то могу начать. Если задержался или ночью не пришел — молись, чтобы эта причина была заурядная, не вызывающая волнения. И не провоцируй, оставь котлеты на плите, записочку там с сердечками и спи. И детям скажи — папе, мол, нельзя, не лезьте к нему. Ждите, когда сам придет. Помалкивайте и улыбайтесь. Ну и там разговоры эти — шуба, мама, ремонт — до лучших времен. Врач запретил, не каприз какой-нибудь.

Да, доктор, чуть не забыл, в управу позвоните, что завелся на районе такой особый гражданин, такой, можно сказать, медицинский феномен — не положено ему нервничать. Ничего не долбим, трубы меняем, только когда он уедет в отпуск. Быстро чиним лифт, домофон — вряд ли, конечно, это с нервами связано, но чем черт не шутит, лучше перестраховаться. Вдруг этот чудик не любит пешком на восьмой этаж подниматься.

Но, доктор, если вы это серьезно, то бороться надо не с симптомами, а с причинами, не мне вас учить. Я чего нервничаю-то постоянно? В стране беспорядок. Другим, конечно, до лампочки, но вот такой я нервный пациент вам попался, что мне не все равно. Скажите им там, чтобы не воровали, меня это изводит. Скажите, что могу расписиховаться, когда на выборах голосовать не за кого. Специально ради пациента — номер карты такой-то, пусть перестанут врать по телевизору, я как-то дергаюсь, а мне нельзя. И вообще, попросите их свалить куда-нибудь — я как их рожи вижу, так и норовлю нарушить ваши предписания. Вы же врач, они вас послушают.

ДЫШИТЕ РОВНЕЕ

Если с этим всем разберемся, обещаю — сразу буду нервничать намного меньше. Есть, конечно, пара моментов, чтобы окончательно закрепить успех терапии. Насчет войн, конфликтов на национальной почве там намекните. Нефть вот, говорят, кончается, население растет, а рыбу всю выловили. Если голова ничем другим не занята и вдруг задумаюсь — есть риск. Мы же с вами не хотим, чтобы я… Ну, вы понимаете. Сделайте пару звоночков.

И еще вот как бывает, доктор. У нас еще время-то есть? Отлично. Бывает, просыпаюсь среди ночи и думаю — вот мне уже столько лет, а чего я достиг? Об этом ли я мечтал? А вдруг я умру? Думаю об этом и чувствую — спокойствие мое, с таким трудом добытое, куда-то уходит. Не ровен час занервничаю. А это уже по вашей части, так что дайте мне направление в какое-нибудь место, где я буду счастлив, богат, здоров и беззаботен. И лекарство, чтобы я не думал, зачем живу. И чтобы легальным это лекарство было.

Как-то так, доктор. А то заладили «нельзя да нельзя». Запретили — я согласен. Но за свои слова, доктор, надо отвечать.

«ВСЯКАЯ ХИМИЯ» ПРОТИВ «ВСЯКОГО БРЕДА»

Откуда взялась эта тотальная, оголтелая, омерзительная страсть ко всему натуральному? «100% натуральный продукт!», «Без искусственных добавок!», «Натуральная польза от самой природы!». Кажется, что сегодня нельзя не только продать, но уже и купить продукт, который не притворялся бы пыльцой божьих одуванчиков из самого сердца альпийских лугов. Еда, косметика, лекарства, одежда, даже матрасы!

Читаю рекламу: «100% натуральные матрасы являются самыми воздухопроницаемыми. Только натуральные материалы оказывают на Вас исключительно благотворное воздействие

и лечебный эффект». Натуральные матрасы, подумать только! Мы-то всю жизнь прозябали на дурацких матрасах, синтезированных из заразных пружин и агрессивного поролона. А есть, оказывается, натуральные матрасы, которые, видимо, растут на деревьях, а потом добрые панды, пьянея от воздухопроницаемости, приносят их прямо в магазин. «Слой натурального латекса обеспечивает мягкость…» Натуральный латекс — это млечный сок каучуконосных растений, тут не поспоришь. А то, что в состав промышленных латексных смесей, из которых делают матрасы, добавляют вулканизующие агенты, загустители, пластификаторы, пеногасители и еще несколько десятков адских ингредиентов, от одних названий которых у любителей всего натурального поседеют даже брови, это на стопроцентную натуральность как бы не влияет. А ведь в матрасе еще есть кокосовая стружка и волокна сизаля. Каким образом наличие кокосовой стружки внутри может подтолкнуть разумного человека к выбору матраса? Только при разыгрывании гипотетического сценария тотального голода, когда каждая

«ВСЯКАЯ ХИМИЯ» ПРОТИВ «ВСЯКОГО БРЕДА»

вещь в доме будет проверяться на предмет съедобности...

Женщины, как более легковерная и дисциплинированная часть населения, активнее исповедуют новую религию натуральности. Поэтому природная вакханалия в отделах косметики проходит особенно бурно. Химические гиганты строят космические лаборатории для синтеза все более изощренных средств, а потом со вздохом капают в свой шедевр огуречную эссенцию и рисуют на тюбике сам зеленый овощ — «натуральное здоровье от природного огурца!». При том что в огурце есть десятки активных и пассивных веществ. А ученые не спят ночей, чтобы выделить единственный работающий компонент, воспроизвести молекулу заново без балластных примесей и аллергенов, зато усилив его способность проникать в кожу. Но потребительница мажется кремом в легком подозрении, что настоящий огурец позаботился бы о ее коже куда «естественнее». И чтобы успокоиться, заваривает себе зверобой с яйцами клещей, вместо того чтобы принять пилюлю с вытяжкой действующего вещества зверобоя, очищенной коварными фармацевтами от постороннего барахла.

Все ополчились на ароматизаторы, окислистели и консерванты в еде, считая их безусловным злом и «вообще химией». А уж увидев на этикетке кекса код Е162 или Е150а, пищевой натурист припасет эту ядовитую бомбу на случай войны, чтобы забрасывать кексом вражьи танки, хотя Е162 — это всего лишь свекольный сок, а Е150а — карамель (все пищевые добавки имеют Е-код, после которого следует цифра «1»).

Но подозрительные граждане все равно покупают натуральные продукты у бабушки на обочине и скучают по экологически чистым временам, когда все было натуральным — и молоко, и вода, и мясо. И кишечная палочка в молоке, и сальмонеллы в яйцах, и ботулотоксин в мясе. Правда, люди в те времена едва доживали до тридцати лет, зато хоронили их в земле, свободной от нитратов.

Лучшие умы человечества тратят время на усовершенствование нашей жизни, а мы готовы поставить крест на самом прогрессе и вернуться в пещеры. Но я вот не хочу в пещеру. Мне нра-

«ВСЯКАЯ ХИМИЯ» ПРОТИВ «ВСЯКОГО БРЕДА»

вится мое нескисающее молоко, мне нравится, что проблема голода решается генно-модифицированной кукурузой, мне нравится, что натуральный рак лечится химической химиотерапией. Так что, если кто не доел консервированную черную икру — отдайте ее мне. И идите спать на дышащем матрасе. Мне важнее подольше дышать самому.

ХОЛОСТЯК И ПРОБЛЕМА ЗУБНОЙ ЩЁТКИ

Раньше, когда люди вступали в серьезные отношения, происходила помолвка и обмен помолвочными кольцами, символом этих серьезных отношений. Теперь люди иногда забывают жениться, какие уж тут кольца, но свято место пусто не бывает. Сегодня символом серьезных отношений стала зубная щетка.

Мужчина, да, вот вы, посмотрите на свой стаканчик в ванной. Сколько в нем зубных щеток? Если больше, чем одна, значит, в вашей жизни есть существо женского пола, с которым вы регулярно вместе спите, едите, смотрите телевизор. Значит, у вас не стоит вопрос, с кем справлять

Новый год и ездить отдыхать. И если вы проделываете это с каким-то другим существом женского пола, то совершаете это тайком, нарушая негласный договор «зубной щетки».

Все начинается с нее. В один прекрасный день девушка приносит ее с собой и ставит в стаканчик. С этим глупо спорить, ведь все люди, даже девушки, должны чистить зубы перед сном своей зубной щеткой. Потом она уходит, и вы обнаруживаете, что зубная щетка осталась. Вы звоните ей и псевдонебрежным голосом говорите: «Да, кстати, ты забыла зубную щетку». А она отвечает: «Да пусть пока полежит у тебя, а то надоело ее таскать». Ну еще бы, думаете вы, такую тяжесть! Но вслух этого не говорите. А девушка продолжает с нажимом: «Ты ведь не против?» Нет, вы не против. Логика на ее стороне, поэтому вы соглашаетесь, смутно чувствуя какой-то подвох. И правильно чувствуете. При всей невинности предмета вашей беседы это — точка бифуркации, поворотный момент отношений. За щеткой последуют тапочки, прокладки, халат, косметика, одежда, фото в рамке, ключи и родственники из Мариуполя. Согласившись на щетку один раз, вы сможете избавиться от нее только вместе с хозяйкой. Не бывает так, чтобы девушка сказала: «Я заберу зубную щетку на пару недель, пусть побудет у меня».

Если она обиделась и ушла, но оставила зубную щетку, значит, это ссора не всерьез. Если вы воспользовались случаем и выкинули символ и она это обнаружила, примирение может не состояться.

Зубная щетка не терпит конкуренток. Невозможно держать в стаканчике зубные щетки разных девушек. До щетки вы не задумывались о том, как выглядит ваша ванная комната глазами гостей. Теперь перед приходом новой знакомой вы, чувствуя себя полным идиотом, прячете другую щетку подальше в шкафчик, волнуясь, как бы не забыть потом поставить ее обратно. Вы подозреваете, что новая знакомая обратит внимание на количество щеток, и правильно подозреваете. Девушки всегда осматривают территорию на предмет пометок. И делают выводы. И принимают на их основе важные для вас (этим вечером) решения.

Непонятно, что делать, если у вас регулярно ночует какой-нибудь друг или родственник. Хорошо, если это ребенок — можно купить ему детскую щетку, и вопросов не возникнет. В противном случае придется объяснять: не пугайся, это щетка моего брата. Хотя она зашла всего лишь посмотреть вашу коллекцию магнитов на холодильнике и не просила объяснений. Опять-таки выглядишь по-дурацки. Проклятый предмет гигиены полости рта все время провоцирует какую-то немужественную суету вокруг себя.

Кто поумнее — держит в запасе обойму новых щеток. И на вопрос «Зачем мне каждый раз новая? Ведь я ночую у тебя уже второй раз» отвечает — ничего, мол, не разорюсь, а это — принцип. Так что если не хотите, чтобы зубная щетка решала вашу судьбу за вас, упирайте именно на принцип. Принцип — единственный для мужчины способ совершать нелогичные поступки, не теряя лица. С мужскими принципами женщины не спорят. Во всяком случае, на ранних этапах отношений.

В общем, дорогие холостяки, будьте осторожны с зубными щетками. Иначе не видать вам одинокой старости как своих ушей.

ИСПОВЕДЬ КИДАЛТА

Есть такое слово в английском языке — «Кидалт», возникшее скрещением двух других: «Kid» — ребенок и «Adult» — взрослый. Кидалты — это взрослые дети. Ответственные, приличные дяди, которые, однако, любят заниматься невзрослой ерундой вроде компьютерных игр, машинок и первоапрельских розыгрышей. Мужчины, принципиально не желающие взрослеть и становиться скучными. Не все представители этого славного племени знают, что для них придумано специальное название. Не все они знают, что не одиноки во взрослой вселенной. Многие до сих пор стесняются расстреливать в ванне солдатиков из брызгалки.

ИСПОВЕДЬ КИДАЛТА

Кидалтам приходится нелегко. Носить костюм на работу, боясь, что из-под сорочки просвечивает майка с суперменом. Прятать рогатку перед приходом новой знакомой. Ждать, когда останешься один, чтобы надуть пузырь из жвачки… Обходить за сто метров, хотя можно перелезть через забор… Постоянный страх, что тебя рассекретят, навесят ярлык «инфантильный» и исключат из приличного общества. Как признаться родителям, что ты кидалт? Перенесут ли они это? Как будут смотреть в глаза соседям?

Я сам через это прошел. Мне было 23 года, я уже работал и поэтому точно знал, что я не такой, как все. Рядом со мной не было друга, который хлопнул бы по плечу и сказал: «Ты просто кидалт, парень! Это нормально. Прими себя таким! Врубай «Тома и Джерри» на полную!» Решение проблемы пришло с неожиданной стороны — у меня родился ребенок.

Вначале ничто не предвещало облегчения. Первый год я гулял с коляской примерно по тем же местам, где еще недавно играл в прятки и мечтал, чтобы меня не увидели ребята. Это было так серьезно — ребенок… Отцовство… И так скучно!

Но потом прошел еще год, и ребенок Маша стал проявлять отдаленные признаки гуманоида — ломать вещи и издавать речь. Мне это понравилось. Мне тоже было интересно, что будет, если надеть на голову тарелку с кашей. Мы вместе с Машей смотрели, как каша стекает по стулу и капает на пол, а кошка ее нюхает. Тут я понял, что от такой, казалось бы, бесполезной в хозяйстве вещи, как ребенок, может быть толк. Я не запрещал ей рисовать на обоях и рвать газеты, устраивать потопы в ванной и забрасывать тапочки на шкаф. Я получал страшное удовольствие, что теперь могу делать то, что мне вначале запрещали, а потом я запрещал себе сам. Оказалось, что ребенок — это отличное оправдание для взрослого заниматься той самой ерундой.

Если взрослый пускает в луже кораблик из пачки сигарет, три часа напролет смотрит мультфильмы или залезает на дерево — он псих, возможно, буйный. Если все это он проделывает в компании ребенка, то он — прекрасный отец. Даже если ребенку было неинтересно.

Но Маше было крайне интересно. Я учил ее счету за игрой в Монополию. Ей одной на всей площадке разрешалось залезать на самый верх «паутины». Да что там говорить! Я учил ее прыгать по крышам гаражей и поджигать тополиный пух! Она говорила: «Никто из взрослых не смотрит со мной мультфильмы, кроме тебя». Маша, Маша... Честно говоря, я не совсем взрослый... Ты еще слишком мала, чтобы это понять-осознать. Когда-нибудь ты поймешь и простишь. Кстати, знаешь, что будет, если положить кусочек льда на раскаленный утюг?

В короткий период времени между моим и ее детством я, можно считать, не жил. Попав случайно (или не очень) в магазин игрушек, я выходил на улицу подавленный. Столько всего успели изобрести, а я уже вырос! Какая досада. Теперь я скупал конструкторы, машинки и самолеты, наборы для фокусов и прикольные липкие субстанции в баночках — ребенку, все ребенку. Она такая избалованная, каждый день хочет новую игрушку, вы же понимаете... Теперь я мог позволить себе куда больше, чем в детстве. А главное — мне не надо было спрашивать ни у кого разрешения! В детстве родители не очень хорошо относились, когда я строил из кресел и диванных подушек замок или карету. Теперь я развернулся во всю мощь былых детских фантазий, помноженную на высшее техническое образование. Мы не просто построили из двух кресел дом. Туда было проведено освещение. Туда были принесены настоящие съестные припасы и настоящий телефон. Жалко только, что я туда не помещался. С легкой завистью я разрешил Маше переночевать в этом жилище. Мама не вмешивалась — папа играет с дочкой, что может быть прекрасней. А ребенок, естественно, был в восторге.

Правды ради надо сказать, что ребенок был в восторге не всегда. Она никак не могла взять в толк прелесть игры в машинки, а я не понимал, что делать с ее куклами. Логичной для меня игрой было взять и расстрелять всех кукол из пушки, Маша же, наоборот, все время заставляла их пить чай. Так что иногда мы играли каждый в свое в разных углах комнаты.

Жизнь обрела гармонию. Она продолжалась лет десять, а потом произошла катастрофа — Маша выросла. В один прекрасный день я обнаружил, что мой ребенок предпочитает мульт-

ИСПОВЕДЬ КИДАЛТА

фильмам Джонни Деппа, а конструктору — свою страничку на Фейсбуке. Игрушки почили в дачных кладовках. Теперь у меня снова нет оправданий для дуракаваляния, и из хорошего отца я снова превратился в инфантильного дядьку. Выход напрашивается сам собой — надо родить еще одного ребенка. Чего и советую всем братьям по несчастью — кидалтам.

ЕЩЁ РАЗ К ВОПРОСУ О РАЗМЕРАХ

Я переехал в новую квартиру и обнаружил, что у меня маленькая кухня. Раньше я никогда особо не задумывался о том, важен ли для мужчины размер кухни. Но массовая культура и рассказы друзей навязали мне стереотип — кухня должна быть большой. Герои кинофильмов обитают в обширных кухнях, они ходят пешком от холодильника к столу. Друзья за пивом хвалятся — у кого пятнадцать метров, у кого двадцать. А у меня только семь… Может ли мужчина вести полноценную жизнь на семиметровой кухне?

Я стал комплексовать. Я боялся приглашать туда гостей, особенно после того случая, когда Ира засмеялась и сказала: «Боже, какая маленькая!» Больше мы не встречались. Я старался сразу вести девушек в гостиную, приносил им туда подносы с едой. Я оттягивал знакомство с моей кухней как мог, но рано или поздно все они говорили: «Пойдем посидим на кухне, мы ведь уже давно знакомы». После этого... Кто-то пытался скрыть разочарование, кто-то делал вид, что ничего не происходит, но я-то все чувствовал.

«Какой размер кухни является нормальным?» — задавал я вопрос специалистам. Говорили, что нормы как таковой нет, дело не в размере, а в удобстве планировки. Кто-то утешал меня историями о счастливой жизни в восьмиметровках. Это звучало как-то с надрывом, как в рассказах об инвалидах, вопреки всему не потерявших веры в себя и умения радоваться жизни. То есть преподносилось как исключение, почти как подвиг. Но у меня даже не восемь, а семь...

Так жить нельзя, решил я. Нужно бороться! Преодолев страх перед архитекторами, я стал

ЕЩЁ РАЗ К ВОПРОСУ О РАЗМЕРАХ

интересоваться, нельзя ли искусственно увеличить размер кухни. Мне сказали, что если причина моего недовольства носит психологический характер, то можно попробовать увеличить площадь кухни визуально. То есть повесить зеркала, обставить ее более узкой мебелью, заменить стол барной стойкой. «Но это же самообман!» — восклицал я. Она так и останется семиметровой, и любой разговор о площадях будет портить мне настроение. Я никогда не умел себя обманывать. Тогда, сказали архитекторы, остается радикальное средство — перепланировка. Есть специальные сложные операции — от вырубки мусоропровода до объединения кухни с комнатой. Некоторые так делают, и ничего — живут. Конечно, гарантии успеха никто не даст, в процессе операции могут возникнуть осложнения, например, если стена несущая. А чтобы это узнать, нужна справка из БТИ. И вообще, нужно собрать массу разрешений, и даже если все получится — совсем не факт, что архитектурная комиссия не заставит переносить стенку обратно — законы-то меняются каждый год. Да и за комнату как-то страшно, останется ли она полноценной после такой перепланировки.

Я представил себе ремонт (не выношу вида ремонта): осколки плитки, мешки с цементом, рабочие в грязных комбинезонах лупят кувалдой по стенке моей кухни... Меня чуть не вырвало, и я понял, что никогда на это не отважусь.

Отчаяние постепенно переросло в тупое равнодушие. Мне трудно об этом писать, но я — молодой здоровый мужчина — просто вычеркнул тему кухни из своей жизни. Я решил, что могу обходиться вообще без кухни, в конце концов, это не главное в жизни — остаются книги, музыка, любимая работа. Я перестал приглашать гостей и сам старался есть не дома. Конечно, круг моих знакомых сузился, я все больше замыкался в себе. Утешение, как это часто бывает, я нашел на дне бутылки. Алкоголь помогал отключиться, не думать о кухне.

Порой в похмельной бессоннице я метался по сырым простыням, терзаемый фантомами — я видел себя на просторной кухне в окружении людей, мы сидели за большим столом, смеялись, я говорил «подождите, я принесу еще сыру», вставал и шел в другой конец, к большому холодильнику... Потом я просыпался в слезах, брел на свою, поросшую паутиной семиметровую, включал свет, оглядывался и приговаривал: «Боже, почему я...» Жить не хотелось.

Меня спасла Катя. Я сидел дома и, как обычно, лазил по сайтам дешевых столовых самообслуживания, как вдруг раздался звонок в дверь. На пороге стояла невысокая чуть полноватая брюнетка с добрым лицом.

— Простите, — сказала она. — Я — дизайнер интерьеров, делаю ремонт в квартире над вами. Можно посмотреть вашу кухню? На предмет протечек сверху...

— Нет! — вскричал я. — Не надо, у меня там...

— Да вы не волнуйтесь, я на секунду, — улыбнулась она и, не церемонясь, устремилась туда, прямо туда...

Сгорая от стыда, я стоял в коридоре, готовясь услышать ее ироничные замечания. То, что я услышал, меня поразило.

— Какая симпатичная у вас кухонька, — донеслось до меня. — И вид приятный из окна.

Прибраться бы не мешало. Вы что, один живете?

— Но она же... — выдавил я, — она же маленькая.

— Ну и что, — рассмеялась она, — разве это главное?

Мы познакомились и разговорились. Потом Катя зашла еще раз, и как-то так получилось, что мы снова оказались на кухне, я предложил ей чаю, и она согласилась. Я не мог в это поверить: мы сидели на моей кухне и пили чай!

Очень быстро Катя убедила меня, что в кухне главное — не размер, а умение с ней обращаться. И она умела обращаться с моей кухней! Оказалось, что у меня можно и готовить, и просто сидеть, и самое главное — получать от этого удовольствие. Вскоре мы поженились. Да, Катя повидала на своем веку много кухонь, но я ее не виню — это ее работа. Зато как продуманно она расставила мебель, как ловко она умеет доставать пирог из духовки, не стукаясь головой о подоконник! И главное — я теперь счастлив.

Я многое понял. Во-первых, самое важное в жизни вообще и с кухней в частности — принимать ее такой, какая она есть. Во-вторых, помочь мужчине в обретении гармонии может только любовь женщины. И в-третьих (это мой маленький секрет), если отодрать весь плинтус, можно реально добавить к площади кухни около полуметра!

Обожаю читать новости науки!

Регенеративная медицина, генетическая терапия, биопринтеры — сколького мы уже достигли! Хоть распродавай свои акции бюро похоронных услуг.

Вот тут в Америке пару лет назад взяли солдата без какой-то мышцы на ноге, стволовых клеток насыпали на ногу — выросла новая мышца! Сгибается, разгибается, чуть ли не сама под музыку притопывает старой ногой. И это два года назад. А я вот только недавно, буквально на новогоднем нашем корпоративе, тоже себе руку повредил — наступил, кажется, кто-то... во время белого танца. Болит и не проходит. Я в поликлинику — говорят, растяжение запястья. И током руку били, и лазером через магнит светили, и кремом я ее мазал так, что чуть огонь из руки не добыл, — не проходит. Хотя с того случая в Америке, повторяю, два года прошло. Тот солдат, наверное, уже чемпионом Оклахомы по родео вприсядку стал. Казалось бы, уж за два года можно было стволовыми клетками разжиться, разобраться, куда и сколько их сыпать, и такой пустяк, как у меня, вылечить. Нет, говорят, ждите, само пройдет через полгода, пока поменьше рукой пользуйтесь.

Или, вон, рапортуют: точечная бомбардировка раковой опухоли. В Израиле слепили прямо из элементов таблицы русского ученого Менделеева лекарство, посадили его на какую-то молекулу, которая отвезла лекарство по венам прямо к опухоли и по ней бомбанула. То есть по венам мы уже ездим, как в метро, скоро начнем наносветофоры глотать, чтобы полезные молекулы не мешали друг другу организм изнутри латать. Молодцы мы, что тут скажешь! У меня вот тоже как раз трубы в ванной забились. Трубы не вены, туда почти сантехник целиком пролезает. Казалось бы, можно засор разобрать, пусть не микро-, но обычного робота на батарейках запустить. В крайнем случае в Израиль позвонить или кого из знакомых евреев расспросить, как

ЕЩЁ РАЗ К ВОПРОСУ О РАЗМЕРАХ

это делается. Нет, говорят, надо всю систему менять, ждите капремонта, пока не пользуйтесь канализацией. Поменьше ешьте, побольше книг читайте.

Каждый день слышишь: рак победили, диабет победили, машине дал розу понюхать — и она сто километров ехала, а искусственные глаза уже растут, как помидоры, и еще кино показывают, когда снаружи скучно. Хочется спросить: где это все, о чем в новостях пишут? Ведь пишут не первый год. Я вот не поленился, откопал журнал за 1998-й. Читаю заметку под названием «Конец дантистам». В Швеции изобретен гель, побеждающий кариес. Средство, состоящее из аминокислот и раствора гидрохлорида кальция, за тридцать секунд сделает зубы здоровыми. В 1999 году гель должен появиться в продаже за пределами Швеции. Семнадцать лет прошло, я вот как раз сейчас за пределами Швеции — где мой гель? Дупла в зубах такие, что белки приходят зимовать, а геля нет. Читаю дальше: «Вакцина от язвы». Доклад, симпозиум гастроэнтерологов, эксперимент. Жертвами язвы ежегодно становятся десятки миллионов человек. Сто процентов получавших капсулы с инактивированными бактериями хеликобактер пилори выработали антитела к этому микробу.

Кто это писал, спрашивается? Где теперь этот вредитель? Но претензии предъявлять некому, я же сам это и писал, когда работал в журнале «Men's Health». Из официальных медицинских новостей брал и, немея от восторга, писал. Мечтал — вот бы поскорее настал 1999 год!

По-моему, десятки миллионов человек становятся жертвами не язвы, а напрасных надежд, что в «мы», которые где-то там победили и побороли, входит маленький «я», здесь и сейчас в бахилах на голое тело сидящий в очереди к терапевту.

Товарищи ученые, я так скажу: вы там что-то придумали, это, конечно, здорово, молодцы, но не забудьте нам сюда свое изобретение прислать. Не на симпозиум, а вот нам, в аптеку на углу Силикатного и 3-й Магистральной. Вы как будто в параллельной вселенной живете, уже двадцать лет как панацею открыли, а у нас тут из доступных препаратов только зеленка и молит-

ЕЩЁ РАЗ К ВОПРОСУ О РАЗМЕРАХ

ва. Я очень люблю читать новости науки, но эйфория начинает притупляться. Жду вашего ответа, можете зашифровать его в нуклеотидной последовательности ДНК, но лучше — просто в конверте. Наш почтальон как раз лошадь подковал — доставит.

ОБИЖЕННЫЙ И ОСКОРБЛЁННЫЙ

Я и раньше очень любил обижаться. Делать это просто. Идешь в метро в час пик, трешься среди этих сволочей, рано или поздно тебя кто-нибудь толкнет. Я сразу думаю — какой ужасный негодяй! Против меня! А я значит, против него. И раз я против чего-то ужасного, то сам я, наоборот, прекрасен. Выхожу из метро и еще неделю потом свою обиду лелею, наслаждаюсь своей прекрасностью.

Но народ у нас грубый, черствый народишко. Бывало, наступят на ногу, и не успеешь как следует обидеться, как говорят: «Извините». Тут настроение, конечно, портится. Обижаться на из-

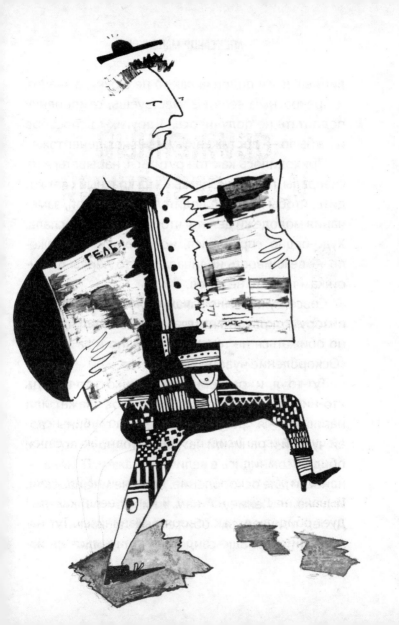

винившегося подонка как-то не с руки, а значит, и прекрасным себя не чувствуешь, самооценку подпитать не получилось. А других-то способов и не было — достижений у меня нет, денег тоже.

Приходилось как-то крутиться, нарываться на скандалы, провоцировать — на красный свет ходить, чтобы хамские водители мне гудели, замечания молодежи делать, чтобы она тебя послала. Худо-бедно справлялся, но приходилось тяжело — вежливость крепчала, никто нервы по пустякам тратить не хотел.

Совсем уж я было зачах, но тут, спасибо телевизору, открыли мне глаза: оказывается, можно обижаться не только за себя, но и за других! «Оскорбление чувств» называется.

Тут-то я и развернулся. Только кто-нибудь что-нибудь про кого-нибудь плохое скажет или напишет — я сразу глядь в себя, в глубины своей чуткой и ранимой натуры. И точно — вот она, обида. Усомнились в величии, скажем, Ленина — нанесли мне оскорбление. Даже не мне нанесли. И даже не Ленину. А нам, нам! Нам с Лениным! Двое, получается, обиженных в комнате — я и Ленин. Раньше свидетелей приходилось искать, справку о побоях брать, а сейчас и доказывать ничего не надо, просто предъявляешь свою эмоцию в качестве доказательства, поди опровергни.

Жизнь моя теперь наполнилась смыслом. Правда, в бога пришлось уверовать. Но это оказалось нехлопотным делом, туда без экзаменов берут. Зато нас с богом теперь постоянно оскорбляют. Он-то сам себя защитить не может, а я всегда горой встаю! Кто тут сказал, что его нет? С рук не сойдет, мы обиделись, в суд можем подать. А там со всем уважением — раз оскорбили вас, то мы этого так не оставим, закон всегда на стороне обиженных. Важная персона я стал.

Теперь занят постоянно, самооценка растет вместе с чувствительностью. Сутулиться перестал, хожу прямо, гляжу строго — и то сказать, за весь мир в ответе. В последнее время за Россию хорошо стало обижаться. Критиков-то много развелось, а Россия, известное дело, долготерпеливая матушка. Ну я-то уж родине послужу, не дам в обиду. Шуточки взялись шутить — я ночь не посплю, но найду, на что оскорбиться. И всем шутникам-критикам напишу, что мы с Россией оскорблены оба, что давайте опровержение. И многие пишут, боятся нас, уважают.

Так привык я радеть за слабых, что про себя уже и не вспоминаю. Про себя думаю — «мы». И знаете, что? Иногда мне кажется, что я — это и есть Россия. И я же есть бог. Ну, раз они через меня обижаются. Такая благодать мне ниспослана, что я аж иногда благодарность ощущаю. Но это вредное в нашем деле чувство, я с ним борюсь. И очень за него на себя обижаюсь. Думаю даже на себя в суд подать, да Ленин все отговаривает…

РОЗЕНТАЛЬ МЁРТВ, А МЫ ЕЩЁ НЕТ!

Я часто из кокетства козыряю своим техническим образованием. Почему-то многие считают, что главный редактор должен непременно окончить журфак, а я такой всегда — бам! нате вам! Я — прикладной математик! Все, конечно, удивляются, и относительно бессмысленно потраченные пять лет в институте вроде и не кажутся уже такими бессмысленными. Двадцать лет потом работают на имидж.

Но кроме парализующего гуманитариев имиджа есть у физико-математической подготовки еще одна польза. Свежий, незамутненный взгляд на наш Великий и Могучий, Прекрасный

и Свободный (или, как его сокращал Аксенов, ВМПС) русский язык. И особенно на его так называемые правила. Мне как самозванцу обряды этой секты гуманитариев кажутся странноватыми.

Вот скажите, как филологам удается удерживаться от смеха, когда они залезают на броневик и провозглашают: «Значит, так! «Стеклянный» пишется с двумя «н», а «серебряный» — с одним! Аминь!» Паства благоговейно расходится, но мне иногда хочется спросить: а почему, собственно? Это что, законы природы? Плод многочисленных лабораторных исследований? Может быть, кто-то доказал, что серебряные вещи недостойны второго «н»? Я понимаю, в геометрии квадрат гипотенузы равен сумме квадратов катетов — это понятно интуитивно, и, самое главное, есть десяток способов это доказать. А правила языка — это закон или чье-то мнение? Собирается кучка жрецов и решает: отныне да будет так! Хотя еще вчера было сяк, а завтра может быть этак.

Но ладно, у правописания, в конце концов, есть эстетическая составляющая, и при всей странности написания слова «серебряный» оно бы резало глаз с двумя «н». Пусть будет эта милая игра, я разрешаю.

Но ударения! Вы давно читали орфографический словарь? Комик, гастролирующий с программой правильных ударений, мог бы собирать стадионы. Знаете, что правильно говорить апострОф, а не апОстроф? РастрУб, а не рАструб? И вот, внимание, барабанная дробь... предвосхИтить. ПредвосхИтить, Карл!

Грех орфографической ошибки тяжек. И как бы мы ни морщились — какая разница, сколько «н», в конце концов? — мы полезем в словарь, спросим, а то и вовсе употребим синоним («Придет или прийдет? Черт... Приедет!» Я всегда так делаю). Доказательство неграмотности остается в письме навсегда. Но звук... Оговорился, простите. Почти никакого ущерба для репутации. Народ, носитель языка, куда честнее в употреблении этого языка в речи, чем на письме.

Я уже почти перестал подпрыгивать, когда ведущие на радио говорят «по средАм» и «о дЕньгах». Но предвосхИтить... А ведь таких орфоэпических мертвецов — легион (или, может, легио́н?): жерло́, исче́рпать, бесо́вщина, ворожея́, зна́мение...

Меня одного смущает, что люди так не говорят? Язык — вещь живая, гибкая, и задача филологов — следить за его изменениями и отражать их в своих как бы правилах. Может быть, кто-нибудь уже заберется к ним в башню и расскажет, как на самом деле надо говорить? Я не иностранец, не носитель редкого наречия, родился и живу, простите, в столице русскоязычного мира и даже не на окраине. Я знаю, как надо правильно говорить, я чувствую это. Доказать не могу, но и составители орфографического словаря — едва ли.

Генри Торо считал, что истинный патриот должен бороться с законами, которые считает несправедливыми, и не подчиняться им. Так вот, друзья мои, я знаю, как по закону нужно ставить ударение в словосочетании «о дЕньгах». И я сознательно ему не подчиняюсь. Я буду говорить «о деньга́х». А также «по сре́дам», «апо́строф», «бредо́вый», «же́рло» и «моза́ичный». Дальше буквы «м» в уголовном кодексе ударений я не пошел, потому что на меня напала икота от смеха.

Только проработав пятнадцать лет журналистом, я смог преодолеть свой комплекс гуманитарного неуча, набраться смелости и заявить: «Слышь ты, Розенталь-Хренинталь! Или кто там у вас главный? Харэ меня поправлять! Засуньте свой апострóф себе в жерлó! Я буду ударять по словам туда, куда считаю нужным!»

Вот такая у меня гражданско-лингвистическая позиция. В следующий раз мы поговорим о производителях запятых и о том, как они зарабатывают на нашем слепом подчинении бессмысленным правилам.

POST SCRIPTUM

У каждого веселого человека где-то глубоко внутри живет печаль. Чаще всего ее не видно при первом осмотре, но она обязательно проявится рано или поздно. Мы не хотели обманывать читателей и сразу предъявили имеющуюся в каждом из нас вселенскую грусть. Она в последующих трех рассказах. Совершенно необязательно их читать, но мы не могли вас не предупредить.

Александр Цыпкин

ТОМАТНЫЙ СОК
ПОВЕСТЬ О ЖЕНЩИНЕ ИЗ ДРУГОГО ВРЕМЕНИ

Я нечасто видел слезы моих друзей. Мальчики ведь плачут в одиночестве или перед девочками (футболисты не в счет, им все можно). При других мальчиках мы плачем редко, и только когда уж совсем плохо.

Тем острее врезались в память слезы моего друга, внезапно появившиеся в его глазах, когда мы ехали в Москву и я налил себе томатный сок.

Теперь перейдем к изложению сути дела, веселой и поучительной.

В юности у меня было много разных компаний, они переплетались телами или делами. Молодые души жили, словно в блендере. Постоян-

ТОМАТНЫЙ СОК

но появлялись и исчезали новые люди. Одним из них, взявшихся из ниоткуда, был Семен. Разгильдяй из хорошей ленинградской семьи. То и другое было обязательным условием попадания в наш социум. Не сказать, чтобы мы иных «не брали», отнюдь, просто наши пути не пересекались. В девяностые разгильдяи из плохих семей уходили в ОПГ либо просто скользили по пролетарской наклонной, а НЕразгильдяи из хороших семей либо создавали бизнесы, либо скользили по научной наклонной, кстати, чаще всего в том же финансовом направлении, что и пролетарии.

Мы же, этакая позолоченная молодежь, прожигали жизнь, зная, что генетика и семейные запасы never let us down[1]. Семен, надо сказать, пытался что-то делать: работал переводчиком, приторговывал какими-то золотыми изделиями, иногда «бомбил» на отцовской машине. Он был очень старательным, честным и сострадающим, что в те времена едва ли было конкурентным преимуществом. Помню, сколько мы ни занимались извозом, обязательно находились пассажи-

---

[1] Никогда нас не подведут (*англ.*) — парафраз цитаты из песни Depeche Mode «Never let me down again».

ры, с которыми Сеня разговорится и денег потом не возьмет. И еще он был очень привязан к родне, с которой познакомил и меня. Семьи у нас были похожи.

Молодые родители, тщетно пытавшиеся найти себя в лихом постсоциализме, и старшее поколение, чья роль вырастала неизмеримо в смутное время распада СССР. Эти стальные люди, родившиеся в России в начале XX века и выжившие в его кровавых водах, стали несущими стенами в каждой семье. Они справедливо считали, что внуков доверять детям нельзя, так как ребенок не может воспитать ребенка. В итоге в семье чаще всего оказывались бабушки/дедушки и два поколения одинаково неразумных детей.

Бабушку Семена звали Лидия Львовна. Есть несущие стены, в которых можно прорубить арку, но об Лидию Львовну затупился бы любой перфоратор. В момент нашей встречи ей было к восьмидесяти, ровесница, так сказать, Октября, презиравшая этот самый Октябрь всей душой, но считавшая ниже своего достоинства и разума с ним бороться. Она была аристократка без аристократических корней, хотя и пролетариат, и крестьянство ее генеалогическое древо обошли. В жилах местами виднелись следы Моисея, о чем Лидия Львовна говорила так: «В любом приличном человеке должна быть еврейская кровь, но не больше, чем булки — в котлетах». Она была крепка здоровьем и настолько в здравом уме, что у некоторых это вызывало классовую ненависть.

Час беседы с Лидией Львовной заменял год учебы в университете, если говорить о знаниях энциклопедических, и был бесценен с точки зрения знания жизни. Чувство собственного достоинства соперничало в ней лишь с тяжестью характера и беспощадностью сарказма. Еще она была весьма состоятельна, проживала одна в двухкомнатной квартире на Рылеева и часто уезжала на дачу, что, безусловно, для нас с Семеном было важнее всего остального. Секс в машине нравился не всем, а секс в хорошей квартире — почти всем. Мы с Семеном секс любили, и он отвечал нам взаимностью, посылая различных барышень для кратко- и среднесрочных отношений. Кроме того, Лидия Львовна всегда была источником пропитания, иногда денег и немногим чаще — хорошего коньяка. Она все понимала и считала сей оброк не очень тягостным, к тому же любила внука, а любить она умела. Это, кстати, не все могут себе позволить. Боятся. Бабушка Лида не боялась ничего. Гордая, независимая, с прекрасным вкусом и безупречными манерами, с ухоженными руками, скромными, но дорогими украшениями, она до сих пор является для меня примером того, какой должна быть женщина в любом возрасте.

Цитатник ее можно было бы издавать, но мы, болваны, запомнили не так много:

«Докторская диссертация в голове не дает право женщине эту голову не мыть». Мы с Семеном соглашались.

«Деньги полезны в старости и вредны в юности». Мы с Семеном не соглашались.

«Мужчина не может жить только без той женщины, которая может жить без него». Мы с Семеном не имели четкой позиции.

«Сеня, ты пропал на две недели, этого даже Зощенко себе не позволял» (писатель, я так понимаю, в свое время проявлял к Лидии Львовне интерес).

«Бабушка, а почему ты сама мне не могла позвонить?» — пытался отбояриться Семен.

«Я и Зощенко не навязывалась, а тебе, оболтусу, уж подавно не собираюсь. Тем более, у тебя все равно кончатся деньги, и ты придешь, но будешь чувствовать себя неблагодарной свиньей. Радость не великая, но все же». Семен чуть ли не на руке себе чернилами писал: «позвонить бабушке», но все равно забывал, и его, как и меня, кстати, друзья называли «бабушкозависимый».

«Я знаю, что здесь происходит, когда меня нет, но, если я хоть раз обнаружу этому доказательства, ваш дом свиданий закроется на бесконечное проветривание». Именно у Лидии Львовны я обрел навыки высококлассной уборщицы. Потеря такого будуара была бы для нас катастрофой.

«Значит, так. В этой квартире единовременно может находиться только одна кроличья пара. Моя комната неприкосновенна. И кстати, запомните еще вот что: судя по вашему поведению, в зрелом возрасте у вас будут сложности с верностью. Так вот, спать с любовницей на кровати жены может только вконец опустившийся неудачник. Считайте, что моя кровать — это ваше будущее семейное ложе». Семен при своем полном разгильдяйстве и цинизме защищал бабушкину комнату, как деньги — от хулиганов, то есть всеми возможными способами. Эта принципиальность стоила ему дружбы с одним товарищем, но внушила уважение всем оставшимся.

«Сеня, единственное, что ты должен беречь, — это здоровье. Болеть дорого, и, поверь мне, денег у тебя не будет никогда». Бабушка не ошиблась. К сожалению…

«Сеня становится похож лицом на мать, а характером на отца. Лучше бы наоборот». Эту фразу Лидия Львовна произнесла в присутствии обоих родителей Семена. Тетя Лена взглядом прожгла свекровь насквозь. Дядя Леша флегматично поинтересовался: «А чем тебе Ленкино лицо не нравится?» — и стал разглядывать жену, как будто и правда засомневался. Проезд по его характеру остался незамеченным. «Ленино лицо мне очень нравится, но оно совершенно не идет мужчине, как и твой характер», — Лидия Львовна либо и правда имела в виду то, что сказала, либо пожалела невестку.

«Я с тетей Таней иду в филармонию. С ней будет ее внучка. Прекрасная девушка, ты можешь меня встретить и познакомиться с ней. Мне кажется, она захочет подобрать тебя, когда ты будешь никому не нужен». Внучка тети Тани подобрала другого. И как подобрала!

«Хорошая невестка — бывшая невестка». Вместе со свидетельством о разводе бывшие жены Сениного отца получали уведомление о наконец свалившейся на них любви уже бывшей свекрови.

«Семен, если ты говоришь девушке, что любишь ее, только ради того, чтобы затащить в постель, ты не просто мерзавец, ты малодушный и бездарный мерзавец». Надо сказать, этот урок мы усвоили. Ну, по крайней мере, я — точно. Честность и открытость в помыслах всегда были залогом спокойного сна, быстро принимаемого решения противоположной стороной и дружеских отношений с ней в дальнейшем, независимо от наличия эротической составляющей.

«Эх, мальчики... В старости может быть либо плохо, либо очень плохо. Хорошо в старости быть не может...»

Впоследствии я встречал немало относительно счастливых пожилых людей и не меньше — несчастных молодых. Мне кажется, люди изначально живут в одном возрасте, и когда их личностный возраст совпадает с биологическим, они счастливы. Смотришь на Джаггера — ему всегда двадцать пять. А сколько тридцатилетних, в которых жизненной силы едва на семьдесят? Скучные, брюзжащие, потухшие. Лидия Львовна, как мне кажется, была счастлива лет в тридцать пять — сорок, в том чудном возрасте, когда женщина еще прекрасна, но уже мудра, еще ищет кого-то, но уже может жить одна.

Случилось так, что мне однажды не повезло (точнее, повезло) и я имел счастье общаться с Лидией Львовной в совершенно неожиданных обстоятельствах.

А начиналось все весьма прозаично. Я был отставлен своей пассией, пребывал в тоске и лечился загулом. Из всего инструментария, необходимого для него, постоянно у меня имелось только желание. Однако иногда мне удавалось так впиться в какую-нибудь сокурсницу или подругу сокурсницы, что появлялся повод попросить у Сени ключи от бабушкиных апартаментов. По проверенной информации, Лидия Львовна должна была уехать на дачу. С ключами в кармане и похотью в голове я пригласил девушку якобы в кино. Встретились мы часа за два до сеанса. Мой коварный план был таков: сказать, что бабушка просила зайти проверить, выключила ли она утюг, предложить чаю, а потом неожиданно напасть. С девушкой мы один раз страстно целовались в подъезде, и, судя по реакции на мои уже тогда распустившиеся руки, шансы на победу были велики.

Знакомить подругу со своими родственниками я не собирался, и поэтому представить апартаменты Лидии Львовны квартирой моей собственной бабушки не представлялось мне такой уж проблемой. Фотографию Семена я планировал убрать заранее, но, естественно, опоздал и поэтому придумал историю о неслыханной любви бабули к моему другу, совместных каникулах и до слез трогательной карточке, которую я сам сделал, и поэтому меня на ней нет. Селфи тогда не существовало.

Все шло по плану. Подруга так распереживалась насчет утюга, что я еле успевал бежать за ней. Лестница была взята штурмом с остановками на поцелуи. Конечно, эти юношеские страхи (а вдруг не согласится) заставляют нас так торопиться, что иногда именно спешка все и разрушает. С губами в губах, я стал дрожащими пальцами вставлять ключ в замочную скважину. Ключ не запихивался. «Хорошее начало» — всплыл в памяти классический каламбур.

— Дай я сама! — Моя любимая женская фраза. Зацелованная девушка нежно вставила ключ, повернула и… дом взорвался. Точнее, взорвался весь мир.

— Кто там? — спросила Лидия Львовна.

— Это Саша, — раздался из космоса совершенно чужой мне голос.

После этого дверь открылась. Не знаю, что случилось в моих мозгах, но экспромт я выдал занятный.

— Бабуль, привет, а мы зашли проверить утюг, как ты просила.

До сих пор не могу понять, как у меня хватило наглости на такой ход. Знаете, у интеллигенции есть прекрасное понятие «неудобно перед…». Объяснить его другой касте невозможно. Речь не о грубости или хамстве в чей-то адрес и даже не об ущемлении интересов. Это какое-то странное переживание, что подумает или почувствует другой человек, если ты сотворишь нечто, что, как тебе кажется, не соответствует его представлениям о мировой гармонии. Очень часто те, перед кем нам неудобно, искренне удивились бы, узнай они о наших метаниях.

Мне было крайне неудобно перед юной подружкой за то, что я привел ее в чужой дом с очевидной целью. И это чувство победило «неудобство» перед Лидией Львовной.

Думала она ровно секунду. Улыбнувшись уголками глаз, дама вступила в игру:

— Спасибо, но, видишь ли, я на дачу не поехала — чувствую себя не очень хорошо, проходите, чаю выпьете.

— Знакомьтесь, это... — со страху я забыл имя девушки. То есть совсем. Такое до сих пор иногда со мной происходит. Я могу неожиданно забыть имя достаточно близкого мне человека. Это ужасно, но именно тогда я придумал выход из столь затруднительного положения.

Я неожиданно полез в карман за телефоном (тогда только появились «эриксоны» небольшого размера), сделав вид, что мне позвонили.

— Извините, я отвечу, — и, изображая разговор по телефону, стал внимательно слушать, как моя девушка представляется моей «бабушке».

— Катя.

— Лидия Львовна. Проходите, пожалуйста.

Я тут же закончил псевдоразговор, и мы прошли на кухню. Я бы даже сказал кухоньку, тесную и неудобную, с окном, выходящим на стену противоположного дома, но это была, пожалуй, лучшая кухня в Петербурге. У многих вся жизнь похожа на такую кухню, несмотря на наличие пентхаусов и вилл.

— Катя, чай будете?

Лидия Львовна учила ко всем обращаться на «вы», особенно к младшим и к обслуживающему персоналу. Помню ее лекцию:

«Когда-нибудь у тебя будет водитель. Так вот, всегда, я повторяю ВСЕГДА, будь с ним на Вы, даже если он твой ровесник и работает у тебя десять лет. «Вы» — это броня, за которой можно спрятаться от жлобства и хамства».

Лидия Львовна поставила на стол чашки с блюдцами, молочник, заварной чайник, разложила серебряные ложки, наполнила хрустальную вазочку малиновым вареньем. Так Лидия Львовна пила чай всегда. В этом не было надуманности или вычурности. Для нее это было так же естественно, как говорить «здравствуйте», а не «здрасьте», не ходить по дому в халате и посещать врачей, имея при себе небольшой презент.

Катины глаза приняли форму блюдец. Она тут же пошла мыть руки.

— Э-э-эх, Сашка, ты даже имени ее не помнишь... — Лидия Львовна тепло и с какой-то печалью посмотрела на меня.

— Спасибо вам большое... простите, я не знал, что делать.

— Не переживай, я понимаю, ты же воспитанный мальчик, неудобно перед девушкой, она еще юная, должна соблюдать приличия и по чужим квартирам не ходить.

— Имя я случайно забыл, честное слово.

— А что с Ксенией? — Как я уже сказал, я недавно расстался со своей девушкой. Мы встречались несколько лет и часто бывали в гостях, в том числе у Лидии Львовны.

— Ну, если честно, она меня бросила.

— Жаль, хорошая девушка, хотя я понимала, что все этим кончится.

— Почему? — Ксеню я любил и разрыв переживал достаточно тяжело.

— Понимаешь, ей не очень важны хорошие и даже уникальные качества, составляющие основу твоей личности, а принимать твои недостатки, которые являются обратной стороной этих качеств, она не готова.

Честно скажу, я тогда не понял, о чем она говорит, и потом еще долго пытался изменить в людях какие-то черты характера, не сознавая, что именно они являются неотъемлемым приданым к восхищавшим меня добродетелям.

Вдруг по лицу Лидии Львовны пробежала тревога:

— Сашенька, ты только с Сеней продолжай дружить, он хороший парень, добрый, но нет в нем ярости, а она должна быть у мужчины, хотя бы иногда. Я очень за него волнуюсь. Присмотришь за ним? У тебя все в жизни получится, а у него нет, пусть хоть друзья достойные рядом будут. Обещаешь?

ТОМАТНЫЙ СОК

Я впервые видел какую-то беспомощность во взгляде этой сильнейшей из всех знакомых мне женщин. Самая большая плата за счастье любить кого-то — это неизбежная боль от бессилия помочь. Рано или поздно это обязательно случается.

Катя вернулась из ванной комнаты, мы выпили крепко заваренного чая, поговорили о чем-то и ушли.

Через неделю Лидия Львовна умерла во сне. Сеня так и не успел к ней заехать, потому что мы опять куда-то умотали на выходные.

Месяца через два мы поехали с ним в Москву. «Красная стрела», купе, целое приключение для двух оболтусов. В нашу келью заглянул буфетчик, и я попросил к водке, припасенной заранее, томатного сока.

Открыл, налил полный стакан и взглянул на Сеню. Он смотрел на мой сок и плакал. Ну, точнее, слезы остановились прямо на краю глаз и вот-вот должны были «прорвать плотину».

— Сенька, что случилось?

— Бабушка. Она всегда просила покупать ей томатный сок.

Сеня отвернулся, потому что мальчики не плачут при мальчиках. Через несколько минут, когда он вновь посмотрел на меня, это уже был другой Сеня. Совсем другой. Старее и старше. Светлый, но уже не такой яркий. Его лицо было похоже на песок, который только что окатила волна. Бабушка ушла, и он, наконец, в это поверил, как и в то, что больше никто и никогда не будет любить его так, как она.

Тогда я понял, что, когда умирает близкий человек, мы в одну секунду испытываем боль, равную всему теплу, какое получили от него за бесчисленные мгновения жизни рядом.

Некие космические весы выравниваются. И Бог, и физики спокойны.

Александр Снегирёв

ЛУКЕ – БУКВАРЬ, ЕРЕМЕЮ – КРУГИ НА ВОДЕ

—Убийственная красота. — Патрикей любуется на себя в зеркало. Нижние его конечности обтянуты красными лосинами, заправленными в сапожки. Остальное тельце голенькое, бледный животик пульсирует, сосочки трепетно морщатся. На голове фальшивыми камушками поблескивает корона. Позу он принял балетную, добавив к ней непонятно где подсмотренный, боюсь, врожденный, вульгарный изгиб. — Ну? — снисходит до меня Патрикей, отставив ручку с пластмассовым перстеньком на безымянном.

ЛУКЕ – БУКВАРЬ, ЕРЕМЕЮ – КРУГИ НА ВОДЕ

Не прошло и получаса, как он забежал мне за спину, проникнув в открытую на лестничную площадку дверь, тотчас из комнаты донесся звук — удар по клетке. Его мать тоже не глухая, отправила мне нежную улыбку, полную извинений и раскаяния за сына. Я эту улыбку принял, как и торопливый поцелуй, которым она наградила мою левую щеку. Левша, все время слева чмокает. Приложила ко мне губы, как прикладывали промокашку к незначительному факсимиле в пору чернил и перьев, а сама была уж не здесь, мысленно скакала вниз по ступенькам, не дождавшись лифта, и рулила нетерпеливо навстречу предсказуемым, многократно пережитым, но не менее от того желанным удовольствиям субботней ночи.

Заперев дверь, я шагнул в одну из двух комнат моего необширного жилища, в ту, где Патрикей колотил по клетке.

— Не надо пугать его, он живой. Вот если бы ты сидел в комнате, а по стенам бил какой-нибудь великан? — Я взял Патрикея за руку и повел подальше от клетки, от забившегося в угол представителя животного царства, шиншиллового семейства, серого меховика Кузи, усы которого мелко дрожали от страха.

Напоследок Патрикей треснул по клетке еще раз, оглянувшись с неутоленным волнением, с грустью, свойственной увлеченному трибунальному стрелку, когда уже подготовил под себя очередного приговоренного, а тебя снимают с вахты и твоего агнца выпадает прикончить сменщику.

Мягкие волосики на холке Патрикея приятно скользнули под моей ладонью. Подзатыльник получился в меру крепкий, убедительный, без увечий.

Захныкал. Знал бы, как я себя сдерживаю, чтобы не свернуть его тонкую шейку с позвоночной оси, радовался бы. Маленький мерзавец проделывает с клеткой одно и то же каждый свой ко мне визит. И что его привлекает в этих ударах? Мое волнение, ужас Кузи или глухой звон десятков накрест спаянных железных соломин?

Она приводит сына ко мне, когда не с кем оставить. Он играет с куклами и наряжается девочкой. Месяц как исполнилось восемь. Мальчишка, который ни за что не соглашается в холода поддевать под джинсики обычные колготки, — только лосины, да и те либо красные, либо других кабарешных цветов. Ладно бы только в холода, в теплое время он тоже носит только лосины, уже без всяких джинсиков. И как он умудрился корону отыскать. Я же ее спрятал глубоко в шкаф. Весь в мать с ее привычкой рыться в чужих вещах. И вот он, быстро забыв о подзатыльнике, красуется передо мной в красных лосинах, сапожках и короне и едва не протягивает ручку для поцелуя.

— Ты очень хорош собой. Тебя ждет какао.

Заинтересовался. Скинул корону, поспешил на кухню. Корона от падения разломалась. Пластмасса. Я поднял половинки, убрал подальше, иду следом. Пороть его надо. Доктора говорят, при порке выделяются эндорфины.

— Салфетку.

Салфетки трубочкой торчат из вазы на расстоянии руки. Ему лень тянуться. Делаю вид, что не слышу, нахожу себе занятие — перебираю вилки, вглядываюсь, вдруг что новое разгляжу в этих вилках. Начинает громко хлюпать, брызгаться, утираться локтем, все время косясь на меня.

Утрется и глянет. А рядом на столе куколка сидит, которую он с собой притащил. Вся из себя фифа. Небось хочет стать таким, как эта куколка. Точнее, такой.

Немного тревожусь за его будущее. Что, если, когда он вырастет, примут закон, предусматривающий для физлиц за красные лосины посажение на кол при большом стечении мирян в немарком и практичном. И законодатели с исполнителями будут очень возбуждены. Созерцая казнь того, кто позволил себе запретное, непременно испытываешь возбуждение. Они в себе каленым железом, а этот позволяет. И от воплей его они будут спускать в недра своих балахонов, в поддетые под десять рейтуз красные лосины, которые и сами тайно натягивают, стыдясь только одного, высшего свидетеля, которого, к счастью, не существует. А как еще словить это изысканное, непроизвольное наслаждение, как не искореняя в других то, что самому не дает покоя.

Начавкавшись досыта, Патрикей, не подозревая о своем отнюдь не безмятежном будущем, спрыгивает со стула и бежит, крутя красной попкой, в комнату, где я поставил для него мультики.

ЛУКЕ – БУКВАРЬ, ЕРЕМЕЮ – КРУГИ НА ВОДЕ

К шуму колонок скоро прибавится треск моторчика. Машинка на дистанционном управлении, корябая углы, проедет по моей ноге, за ней с воплями и топаньем явится и сам Патрикей. Его фаворитка с телом из ударопрочной термопластической смолы подскакивает на водительском сиденье.

От беготни и бутербродного масла — опять забыл, масло ему ни в коем случае, — моего малолетнего гостя вырвет. Его выворачивает на кошачий манер, плюх, и все. Никаких стенаний, изрыганий, испарины на лбу. Оклемается быстро и возьмется за взаправду летающий маленький вертолет, который сразу запутается в люстре, вырвав очередные, основательно после покупки вертолета поредевшие висюльки. Что и говорить, я не из тех, от кого остается антиквариат. За люстру отругаю, хапну куколку, оказавшуюся в поле зрения, пригрожу отобрать ее до завтра. А может, и вовсе хрумкнуть ее тельце, проверить ударопрочность? Поднимет вопль, схватит вертолет, швырнет об пол, потребует к маме, скажу, что мама только завтра, но куколку верну. Выхватит, бросится с ней, несколько картинно, на белую кроватку и заревет, словно княжна, которую насильно выдали замуж. Пережду острую фазу и предложу в кино, чем снищу прощение. Настроение у него меняется, как дым при переменчивом ветре. Даже продемонстрирует недавно освоенный навык — растянется на шпагате.

Шпагат. Он бы еще с лентами станцевал. С таким сыночком наследников не дождешься. И во что она его превратила.

Из сеансов для детей будет только фильм, который он уже видел с мамой, и потому станет бурчать, но к концу показа увлечется зрелищем настолько, что описается. В машине у меня припасены сменные трусики и лосины. Сиреневые. Переоденемся. Зайдем в его любимое место — один раз платишь и ешь, сколько влезет. Влезает в него много. Давно сыт, а жрет. Любит профитроли. Нагребет целую гору. Ему нельзя, но я позволяю, чтобы избежать криков со слезами. На нас и так поглядывают, особенно на лосины. Ест он эти профитроли брезгливо, с желанием и одновременным отвращением. С профитролями у него, как у взрослых со шлюхами.

ЛУКЕ – БУКВАРЬ, ЕРЕМЕЮ – КРУГИ НА ВОДЕ

На обратном пути обязательно блеванет на заднем сиденье. Переел и укачивает. Я наготове, пакеты в боковом кармане дверцы. Когда подъедем к дому, обязательно забуду в салоне испачканные трусики. Машина забита детскими вещами. Иногда фантазирую, что подумает полицейский, который однажды решит обыскать мое средство передвижения.

Дома мы почистим зубы, и я подоткну одеяло ему под пяточки. Боится, что если ножки торчат наружу, то обязательно кто-нибудь ночью дотронется холодными пальцами. Не успею выйти из комнаты, он уже будет спать, и ночник станет ласкать тусклыми пятнами белую кроватку. В его лета я заглядывался в витрине на большущую белую кровать, пришло время — купил сыну похожую.

Проснется рано, разбудит, потребует завтрак. Когда подам, заявит, что мама дает другое, вкуснее. Скажу, у мамы свои порядки, у меня свои. Надуется. Затушу трагедию разрешением погонять конфискованный накануне вертолет. Но только на улице, после выполнения домашнего задания. Нехотя докажем теорему, помусолим стишок, коряво раскрасим карту перемещений Чингисхана. Потом во двор. Сморщит носик — свежая краска. Подновленные, местами примятые, с подмазанными трещинами, куличи бомбоубежищных вентиляций с решетчатыми иллюминаторами. Веники деревьев в зеленых клоках. Вчера еще были коряги, а сегодня так и дымятся листвой. Колтуны вороньих гнезд со дня на день утонут в распускающихся кронах, и вертолет станет тяжелее оттуда выковыривать. Раньше я хотел волосы в такой вот ярко-зеленый покрасить. А теперь расхотел, да и волосы не те.

Мама вернется вечером с опозданием. Таинственная, едва заметно растрепанная, улыбающаяся и хмурящаяся от впечатлений минувшей ночи, набухшая желанием рассказать. Сыпанет на щечки сына горстку поцелуев, а сама будет не здесь, а где-то в прошлом и в будущем одновременно, но не с нами. И я проткну пузырь ее желания вопросом: «Ну как?» — и на меня хлынут потоки волнений, счастья, а как ты думаешь, когда мужчина такое говорит, это серьезно? Я стану выслушивать, не перебивая, ей не нужны ответы, не для того спрашивала. После первой волны исповеди спросит попить, предложу чаю, нет, только коньяк, потому что завтра на работу, надо выспаться, а чай ее бодрит. Разолью, усядемся. Как он себя вел? Не хулиганил? Не тошнило? Опять наряжался? Начнет охать, как бедный мальчик будет жить с такими особенностями и как она иногда думает страшное, хоть ей стыдно, она даже в церковь ходит, Матроне свечки ставила, у экстрасенса была, но все равно нет-нет да юркнет в голове, что лучше бы он тогда, в полгода, от ангины умер.

А недавно, разве она мне не рассказывала? Нет? Так вот, он в дневнике две оценки подделал за четверть. Четверки вместо трояков нарисовал, по русскому и математике. И так аккуратно исправил, ни за что не заметишь. Как будто классная своей рукой писала. Пришлось его всех куколок лишить до каникул. Кроме одной. Сказал, если всех заберет, то он не знает, что сделает.

Недооценил я Патрикея, с его талантами одним посажением на кол дело не обойдется. У парня наклонности разветвленные. А она закурит, глотнет и вслух придет к выводу, что надо было аборт делать. Посмотрю на нее выразительно.

Он же за стеной, все слышит. И вообще хватит пить, прав лишат. А Патрикей в соседней комнате притихнет перед мультиками, будет смотреть так внимательно, как только можно, целиком вникая в экран, чтобы только он и экран, а лучше один экран. А я возьмусь рассуждать, что склонность к подделке документов — дело временное, мало ли что в детстве случается. Если уж серьезно увлечется, тогда надо меры принимать. Да и то, может, этот его неожиданно раскрывшийся талант позволит ей достойно провести старость.

И она выкурит еще две, улыбнется, саму себя этой улыбкой развеселя, расскажет про хорошее. Взяла кредит, три миллиона. Патрикею на учение в частной школе, где его дразнят вроде меньше, чем в государственной. Чтобы кружок танцев оплачивать и художественной гимнастики…

Ему только художественной гимнастики не хватает. Сегодня шпагат, а что завтра. Подумать страшно. Но не перебиваю.

…Себе машину взяла, годовалую. Патрикея возить. И чтобы мужики уважали. А на сдачу железную дверь поставила. Сделала три выплаты и больше не собирается. Коллекторов из-за железной двери на три буквы посылает. У мамаши престарелой, правда, недавно приступ случился от нервов, но ничего, прорвемся. Кредиты только дураки отдают. Истории про честный труд у нас неуместны. Тут хоть всю жизнь паши, как бобик, ничего не напашешь. Или государство всей своей тушей навалится, задушит и достанет из самой глотки, или какие-нибудь отдельные псы из его, государства, бесчисленной своры. А кто не понимает, пусть горбатится, только не она.

И дышит в меня дымом запальчиво, ждет, осуждать начну, сомневаться, охать, учить. А мне ее так жалко, что и сказать нечего. И Патрикея жалко, который, подделывая оценки, совершает то же самое, что она с кредитом, а она этого не понимает и наказывает. И прочих всех тоже жалко. Столько всего хочется, а шансов ноль. Ей на сына и вправду взять негде. Можно было бы без машины обойтись, но чары потребления ее заморочили. Или замуж, или воровать. А выгодно замуж у нее шансы нулевые. Возраст уже не тот, сосок полуголых на улице пруд пруди.

И вот она отражает атаки коллекторов, следом за которыми явятся приставы. Могут арестовать квартирку ее мамаши, где она с Патрикеем проживает. Покалечить в темном подъезде. Посадить. Лишить родительских прав. Смотрю на нее через стол, где она в глубине дымных облаков, и думаю, какая она красивая. И все эти приставы и неплательщики. Только бы очистить их от телесной, человечьей, шелухи. От их испуга, несоразмерных желаний, наивных целей, мечтаний, хвастовства, страха быть недостаточно успешными, тогда они бы тоже непременно очень красивыми оказались. Как цветочки в весеннем лесу. Но повсюду успех. Бросай колоться — и успех, купи — и успех, женись — и успех, роди — и успех. Бежим, ковыляем, ползем, преодолевая все эти десять, семь, пять шагов к успеху, который, как мираж, всегда недостижим. И если шелуха эта осыплется, то останутся жалкие, помятые люди. Слабые, не стыдящиеся своей нелепости.

Перебрав умом все эти высокие, трогательные, слезливые кухонные мудрости, я утрачу жалость и приду к выводу, что каждый получает по заслугам и в общем и целом меня просто развезло, уже поздно, пора спать и какая вообще разница. Моя же собеседница, вконец разморенная коньяком, минувшей ночью и долгожданным потеплением, внезапно шатнется вокруг стола, как пассажиры морского судна вдоль борта шатаются, и бухнется мне на колени. Повернет свой гибкий стан, примется целовать сначала мою руку, потом мои губы. Станет хрипло шептать, что ночью думала обо мне, когда была с ним, и два раза кончила со мной, а не с ним, и что никак не припомнит, почему у нас тогда, давно, не сложилось, и давай попробуем снова.

Мне не придется ни принимать ее ласк, ни отвергать, сама спохватится, скажет, что я ее не люблю. Тут она права. Глянет на стрелки и цифры, всполошится, завтра в школу, закурит последнюю, спросит, как вообще, передаст привет, сделает лицом понимание, после двух затяжек вдавит в пепельницу, сгребет сонного Патрикея, и я останусь один. Только клетка будет иногда дрожать от Кузиных прыжков. Представители семейства шиншилловых активны по ночам. Посмотрю календарь. Завтра после обеда Еремей, у них совместный психологический тренинг, а бабушка слегла. Во вторник встречаю у школы Луку, у матери допоздна работа. Среда — Марк Аврелий, четверг — Матфей, пятница — Ферапонт с Евдокией, выходные — Агриппина.

Еремей полезет на шкаф, отвлеку фокусами, разучил по самоучителю. Лука станет кидать в меня буквами магнитного алфавита, когда я буду штудировать с ним азбуку. До выходных надо склеить корону, чтоб Агриппина смогла нарядиться феей и сломать ее по прежнему разлому, когда на фею нападет дракон. Перед сном непременно дать ей пилюли. В прошлый раз забыл, мать нас отругала.

Знакомые приводят ко мне своих обременительных детей. Я хорош. Смирный, без вредных привычек, есть детская, игрушек полно. Мой сын шесть лет как в могиле. Компактный гробик, белый воротничок, черные сандалики. Летом хоронили, зимой бы ботиночки надели. А ноготки у него сиреневые были, замерз, хоть и жара. Осталась мебель, обои с кроликами и представитель семейства шиншилловых. Потом я жену застал — ножом кроликов со стен соскребала.

ЛУКЕ – БУКВАРЬ, ЕРЕМЕЮ – КРУГИ НА ВОДЕ

Я хотел мебель переломать и во дворе возле контейнера сложить, но она не позволила. Лечилась. Теперь где-то в мире. Этот город больше видеть не может. Живет в чужих странах, потому что не понимает, о чем люди вокруг говорят. Едва начнет местный язык разбирать, в другое государство перебирается. У нее семья сплошь долгожители и к языкам способность, не знаю, что будет, когда страны закончатся. Может быть, вернется. Жду.

Детскую я сохранил. Держал запертой, а потом одноклассник попросил за мелким присмотреть, совсем край, со своей поцапался, она в Египет, а ему позарез в ночное надо, оставить не с кем. Я согласился, детскую откупорил. Следом давняя моя, патрикеевская маман, пронюхала, за ней другие узнали — и прорвало. И все несут, живу, как настоящий русский учитель-воспитатель, подаянием. Хорошо, я не баба, а то бы сплошной шоколад и цветы. Бутылки сразу пресек. Или налом, или по любви. Тут у меня скорее со шлюхами сходство. Ну, если уж какой-нибудь хозяюшке приспичит пирожками собственной лепки угостить, принимаю.

Дети мне особо не нравятся, и это им самим по вкусу. Я не сюсюкаю, но и не занудствую, как многие взрослые, которые из зависти к беззаботной поре состаривают детей, трамбуют жизненным опытом, опаивают страхом разочарований. Я идеальная нянька, ведь дети, как женщины, не отлипают, если не цацкаться. Наверное, в этом секрет. Желающих столько, что приходится расписание составлять, некоторым вынужден отказывать.

Среди моих подопечных в основном мальчишки. Теперь много мальчишек. Говорят, такая мужская концентрация перед войной складывается. Но и девочек приводят. Сначала осторожничали, думали, может, я извращенец. Теперь мамаши мне доверяют, иногда даже бабки приводят внучков, которых им молодые сбагрили. Посредницами выступают. А сами в консерваторию или на танцы для тех, кому за.

Ребенком я услышал, мужик должен в жизни три вещи сделать: дерево посадить, дом построить и сына вырастить. Тогда я подумал, это просто. Так и оказалось, только у меня дело дальше пошло. Деревьев я посадил много, но

ЛУКЕ – БУКВАРЬ, ЕРЕМЕЮ – КРУГИ НА ВОДЕ

в один год напутал с удобрениями и корни сгубил. Дом построил, только супруга губернатора вместо нашей деревни захотела башни. Губера сняли, супруга скукожилась, но сад, где мы строились, теперь украшен фундаментом, присыпанным угольками. Нескольких соседей тоже пожгли, кто ближе к краю. Деревья, которые после моей подкормки оклемались, пожар опалил. Впрочем, одна слива живая. Угольки зарастают, ветки зеленеют. А потом сын. Оказалось, здоровье и правда не купишь, даже маленькое, детское.

Потеряв все, во что вложил счастливые годы, к чему был прикован всем сердцем, в чем видел всего себя, в чем проявилось все, что было во мне человеческого, амбиции, ум, веру, любовь, лишь получив эту прививку концентрированного обретения и утрат, я не понял, нет — ощутил всем собою, что непоправимость потери и есть самое главное, с чем нельзя справиться, а можно только принять.

А родители все теперь думают, что безопаснее, чем со мной, их малышам не будет нигде, в одну воронку два раза не попадает.

Оставшись один, почешу Кузю за ухом, лягу и стану засыпать.

Мой бы сейчас был на год старше Патрикея. Каким бы он вырос? Надевал бы девчачьи лосины? Играл бы с куколками? Подделывал бы оценки в дневнике? Исповедовался бы я какой-нибудь коньячной подруге у нее на кухне, что лучше б он умер?

В его неслучившемся возрасте одноклассник толкнул меня на переменке. Я стукнулся об угол музыкального проигрывателя, и на пол упал передний зуб. Вернувшись домой из больницы, задвинувшись в ванной на шпингалетик, я посмотрел в зеркало и отвернулся.

Тогда я сразу понял — смерть.

Улыбку потом исправил стоматолог, а я с тех пор живу мертвым, здоровье не беспокоит. Спустя годы тот одноклассник сынка своего, Марка Аврелия, мне подсунул под присмотр, с чего и началось мое нынешнее занятие.

Завтра новая неделя. С Еремеем пойдем к пруду кидать камешки. Его мамаша снова сунет мне благодарность — запеченное куриное тело в фольге. И чувственно спросит, не надо ли чего еще.

ЛУКЕ – БУКВАРЬ, ЕРЕМЕЮ – КРУГИ НА ВОДЕ

С Лукой остановились на двадцать первой странице. Он научился выводить свои буквы, мамины и мои. Его отец опять загулял, мать станет плакаться, выслушаю.

С Матфеем играем в цвета, ищем в окружающих предметах желтый, потом красный, потом белый.

Евдокия картавит, рычим по словарю. Заставить ее трудно, приходится идти на уступки, позволять делать то, что не позволяют другие, — сжигать кукольный домик. Каждый раз Дуся является с новым кукольным домиком и каждый раз, в обмен на упражнения по исправлению речи, набивает домик бумагой и спичками и запаливает на балконе. Соседи принюхиваются и грозят пожарными, успокаиваю. Малышке нравится вдыхать вонючий дым и смотреть, как из окошек и дверцы вырывается пламя, как пластмассовая крыша вздувается и оседает, превращая строение в пузырящийся блин.

У брата поджигательницы, Ферапонта, иная страсть — анатомия. Пока мы с Дусей читаем подряд слова, начинающиеся на «Р», он внимательно изучает медицинскую энциклопедию, а потом потрошит сестринских пупсов. С ее разрешения и под моим присмотром, разумеется. Ножи у меня наточены хорошо.

Ферапонт уснет первым, а Евдокия расскажет мне сказку про деда и его дочь Жучку, которая родила славненького сынишку. Вырубимся оба, когда Жучка поведет сынишку в цирк. Я на стуле, она в кроватке.

Родители близнецов часто в разъездах, а бабушку больше интересует крепость напитков в стакане, чем судьба исчезающих после визитов ко мне домиков и пупсов.

В моем роду я последний, мне никогда не сфотографироваться с кульком младенца на руках, моя ручища и его ручонка, все эти нежности мне недоступны. Мне не суждено узнавать собственные черты в маленьком личике, умиляться семейным, повторенным в родном малыше повадкам. Но детей у меня целое стадо. Когда-нибудь они обзаведутся потомством и поволокут меня к каждому очередному крестным. Те подрастут, и все это будет меня тормошить, поздравлять с датами, верещать поблизости. Непременно найдутся какие-нибудь особенно ласковые и внимательные претенденты на мое состояние: две комнаты и пепелище, — не пропадать же. Ничего дурного в том нет. Надо будет ближе к делу распорядиться, заверить нотариально. С согласия жены. У нас все совместное. Мне только зуб вставной принадлежит. Левая двойка, что вместо выбитой одноклассником вставили. Все меняется, только она крепка и блестит эмалью, идентичной натуральной. Завещаю кому-нибудь небрезгливому.

Впрочем, скорее всего, дети меня забудут. Самому придется искать наследника.

После близнецов — Агриппина, потом Патрикей… и кто ее надоумил так сына назвать. Да и остальные тоже, что ни имя — или Евангелие, или летопись…

Выбитый зуб я долго хранил в коробке, а потом потерял…

Перевернусь на другой бок, ногу отлежал, белая кроватка, в которой умер сын, коротковата…

Александр Маленков
ТУФЕЛЬКИ

Это я, Таня, мне шесть лет. У меня есть мама и папа, мы живем в бараке на улице Пионеров. У нас своя комната с балконом, мне разрешают на него выходить. Мы живем хорошо. Папа работает строителем, но я не была у него на работе. Он приходит очень поздно, потому что много работает. Он говорит, что сейчас идет война и он строит завод, на заводе будут делать танки. Нужно построить его побыстрее, потому что танки очень нужны для победы. Мама тоже работает, но не на заводе, она работает врачом в больнице, она приходит вечером.

Мама, папа, соседи, воспитатели в детском саду часто говорят про войну. Мы с мамой по вы-

ходным ходим в кино, там перед фильмом показывают журнал, там тоже говорят про войну. Мы воюем с немцами. Я не видела немцев.

Один раз мы шли в кино, а по другой стороне улицы шли друг за другом такие люди, много-много, а рядом шли солдаты с автоматами. Я спросила маму: «Это немцы?» А мама сказала, что это заключенные, их водят на стройку, где работает папа. Папа строит не сам, он показывает заключенным, как надо строить, а они строят. Я спросила: «Они плохие?» А мама сказала: «Не показывай пальцем, это неприлично». Один заключенный сделал папе табуретку, я с ней играю.

Я хожу в детский сад. Папа говорит, что это моя работа, и смеется. Он вообще редко смеется. Раньше, когда мама заболела туберкулезом, она лежала в больнице, тогда я оставалась в садике ночевать, папа брал меня только на выходные. Воспитательница Ирина Павловна сказала папе, что у меня вши, что я все время держу обе руки в голове. Дома папа взял тетрадку в клеточку, положил ее на стол, я наклонилась над тетрадкой, он стал меня вычесывать и вши посыпались на тетрадку и прыгали по клеточкам. Тогда он отвел меня в парикмахерскую и меня постригли наголо. Машинкой постригли вместе с вшами. У нас в группе есть еще ребята, которых постригли. И девочки тоже.

А потом папа сказал, что мама выздоровела и скоро приедет. Я ждала ее на балконе и смотрела на дорогу, а когда я ее увидела, побежала к ней на улицу и хотела обнять, а она сказала: «Боже, что у тебя на голове?» А я еще была почти лысая, поэтому она так сказала. У мамы самой очень длинные волосы и красивые. Она говорит про них «проклятье», потому что после бани их надо долго-долго расчесывать.

А зимой был грипп. И мама работала даже по выходным. Со мной некому было сидеть, и она брала меня с собой на вызовы. Мы ходили в другие бараки целый день, мама выписывала рецепты. Она ставила меня перед собой, клала мне на шапку рецепт и выписывала. У меня шапка сверху плоская и твердая, на ней удобно писать. Один пациент сказал: «Какой у вас удобный ребенок, Цира Яковлевна». Это он про меня сказал. А мама ничего не сказала, она очень устала от гриппа и говорила только: «Ой вэй». Я спросила, что такое «ой вэй». А мама сказала — когда жизнь тяжелая, так говорят.

Потом я заболела гриппом. Мама сказала: «Это потому, что я тебя таскала с собой». Я лежала в кровати, а комната становилась круглой, в ней были стулья, много стульев, они все приходили и приходили — стулья. Это как сон, но я не спала. Мама сказала, что это бред из-за гриппа.

Потом я выздоровела и пошла в садик. Нам там дают манный пудинг с киселем на сладкое. Я только кисель ложкой съедаю, а манный пудинг не ем, потому что он белый и блестит. И дрожит. И у него сверху корочка. Но воспитательница говорит, что пока я не съем, не пойду спать. А я ей один раз ответила «Ой вэй!», но она не поняла. Все уже уходят на мертвый час, а я сижу за столом. Воспитательница говорит, что как мне не стыдно, идет война, люди голодают, а я не ем этот пудинг. Потом она меня отпускает.

Манный пудинг дают часто. Я все время из-за него всех задерживаю. Но когда работает повариха Галя, она идет мимо, когда я уже съела кисель, и незаметно половником мне еще на пу-

ТУФЕЛЬКИ

динг кладет кисель. Я его опять ем. Я быстро его ем, чтобы воспитательница не заметила, что у меня второй кисель. Я рассказала маме, а мама засмеялась и сказала, что знает Галю, это ее пациентка.

А еще на меня нарисовали в стенгазете карикатуру и написали: «У всех тихий час, а Таня Шумилина все еще ест». Стенгазета называется «молния», мы ее смотрим, а потом идем играть. У меня в саду нет кукол, только буденновцы и мишки. У меня были куклы, но, когда мы эвакуировались, мама их оставила в Подольске. Она сказала, что война, что «вот только кукол мне не хватало» и что она не знает, как ей все сложить, всего пять мест дали, и как ей всю свою жизнь в пять мест упаковать.

Когда мы садились в поезд, что-то грохотало, я спросила, что это, а мама сказала: «Это гром, доченька». А рядом стояла тетенька, она вот так рукой сделала. У нее девочка была, дочка Тамара, она тоже. Мы потом вместе ехали, я спросила, что это значит, она сказала: «Это называется «креститься», хочешь научу, только никому не говори». Она научила меня креститься. Я стала иногда креститься, когда никто не видит, а мама заметила и побила меня по рукам, чтобы я больше не крестилась.

Мы ехали на поезде 28 дней до Хабаровска, а потом еще на другом поезде до Комсомольска-на-Амуре. Но мы все время стояли. А навстречу ехали другие поезда, и папа сказал, что это солдаты едут на фронт. И перекрестил поезд. Я маме сказала, а она потом на папу кричала, что он же коммунист. А папа кричал, что он же русский, а она иудово племя и не понимает. Мама потом плакала. А потом мы приехали и поселились в бараке на улице Пионеров.

А вчера мама принесла мне туфельки. Они были такие черные, блестящие, очень красивые, я таких никогда не видела. Мама сказала «лаковые». Это ей для меня пациентка подарила. У меня до этого были только ботинки. Мама сказала, что сейчас лето и я буду в туфельках ходить, и чтобы я их берегла, что ни у кого таких нет. Она меня обняла и поцеловала. Она редко меня обнимает, потому что много работает и устает. Это из-за того, что война. Взрослые все время работают.

ТУФЕЛЬКИ

Мама отвела меня утром в сад, а после полдника я сама домой пошла — мне разрешают, я знаю дорогу. Вначале надо идти мимо забора — там сухая земля, а потом наша улица — там доски лежат, все по доскам ходят. Я шла в туфельках по земле, а потом сняла, потому что мама сказала, их надо беречь. И носочки сняла и в туфельки сложила и понесла их в руках. А ногами шла босиком. Мне не холодно было, потому что сейчас лето.

Я пришла к нашему бараку, а на крыльце сидел Ваня — он мой друг. Ему четыре года, они тоже тут живут. У нас на улице колонка с водой, мы, когда с мамой к ней ходили, Ваня тоже со своей мамой ходил. Я помогала ведро нести, а Ваня посмотрел и тоже начал маме помогать, хоть и маленький. Его мама Зинаида засмеялась и сказала: «Ты как Таня! Таня молодец у вас, хороший пример подает». У Вани еще маленькие брат и сестра. Зинаида к нам приходила, я слышала, как она говорила, что четвертого уже не выдержит, и просила помочь. А потом мама с папой ссорились, кричали про деньги и что мама «под статьей ходит». А Зинаида всегда теперь говорит маме спасибо. Мама — женский врач, ее все мамы в нашем бараке любят.

Так мы с Ваней, когда ведра несли, подружились, но не разговаривали. Когда я пришла с туфельками, Ваня на крыльце сидел. Я туфельки на крыльцо положила и сказала: «Смотри, какие у меня туфельки лаковые. Они черные, и в них солнце отражается, и от пряжек тоже». И еще я сказала, что на пустыре видела мертвого козленка и могу ему показать. У козленка один глаз открыт, а на нем мухи сидят. А Ваня ничего не сказал, он еще маленький. И тут нищенка подошла. Я их видела раньше, нищенок, они сидят просят деньги, я спросила, кто это, мама сказала — нищенки. Она вся в черных тряпках была, наверное, жарко так ходить летом. Нищенка сказала: «Девочка, принеси воды попить».

Я сказала Ване: «Посмотри за моими туфельками» — и пошла внутрь. Там всегда, внутри, деревом пахнет, летом особенно. Это потому, что барак деревянный. Зимой меньше. Я поднялась в нашу комнату по лестнице, взяла чашку, из ведра воды зачерпнула и пошла вниз. На лестнице

ТУФЕЛЬКИ

я медленно шла, чтобы не пролить воду, но немножко пролила все равно.

А когда пришла на крыльцо, нищенки не было уже. И туфелек тоже. Я чашку поставила и сказала Ване, что же он за туфельками не посмотрел, я же просила. А он ничего не ответил. Я посидела рядом с ним, выпила воду из этой чашки и пошла домой.

Дома я сидела на табуретке до вечера, а потом мама пришла с работы и спросила, где туфельки. Я сказала: «Нищенка украла». Мама стала на меня кричать. Что я за напасть такая, что когда же это кончится, что за что ей это. Потом взяла ремень и стала меня бить ремнем. Я тоже очень кричала, и даже Зинаида заглянула в комнату. А мама била меня ремнем, а я кричала, пока на ремне пряжка не отлетела. Мама на пряжку посмотрела и заплакала. Потом стала меня обнимать, и мы вместе плакали по туфелькам. А пряжку я потом нашла и маме отдала.

Ночью я слышала, как папа с работы пришел, мама ему про туфельки рассказала, а папа сказал, что надо на базар пойти, нищенка там мои туфельки, наверное, продает. А потом про работу стал говорить, что телеграмма из Москвы пришла — Сталин их поздравляет, что завод заработал.

На следующий день я опять в ботинках в садик пошла. И той нищенки я больше не видела. А козленка я еще потом ходила смотреть, он там так и лежит. Ой вэй.

СОДЕРЖАНИЕ

SCRIPTUM 5

Александр Цыпкин 7

Кармическое. Гоголевское. Бульварное......9

Лень 14

Новогодний брак 22

Рука...31

Свадебное насилие 36

Среднее. Сексуальное 47

Сценарий для порно без happy-end
История о силе женского духа 53

Уважение 62

Утренний «секс» 69

СОДЕРЖАНИЕ

Царапина 76
Диагноз 86
Мечта 90

Александр Снегирёв 97
Двухсотграммовый 99
Красные подошвы 115
Вопросы телезрителей. 126
Ты у меня доедешь. 141
Черный асфальт, желтые листья 151
Крещенский лед 180

Александр Маленков 207
Пули над Кутузовским 209
Дышите ровнее 215
«Всякая химия» против «всякого бреда» . . 220
Холостяк и проблема зубной щетки 226
Исповедь кидалта. 231
Еще раз к вопросу о размерах 238
Обиженный и оскорбленный 250
Розенталь мертв, а мы еще нет! 255

СОДЕРЖАНИЕ

POST SCRIPTUM **261**

Александр Цыпкин. Томатный сок 263

Александр Снегирёв. Луке — букварь,
Еремею — круги на воде..................... 281

Александр Маленков. Туфельки 304

Все права защищены. Книга или любая ее часть не может быть скопирована, воспроизведена в электронной или механической форме, в виде фотокопии, записи в память ЭВМ, репродукции или каким-либо иным способом, а также использована в любой информационной системе без получения разрешения от издателя. Копирование, воспроизведение и иное использование книги или ее части без согласия издателя является незаконным и влечет уголовную, административную и гражданскую ответственность.

Литературно-художественное издание

БЕСПРИНЦЫПНЫЕ ЧТЕНИЯ
Рассказы А. Цыпкина, А. Маленкова, А. Снегирёва

Цыпкин Александр, Снегирёв Александр, Маленков Александр

ЗАПИСКИ НА АЙФОНАХ

Ответственный редактор *О. Аминова*
Младший редактор *М. Каменных*
Художественный редактор *П. Петров*
Технический редактор *О. Лёвкин*
Компьютерная верстка *М. Белов*
Корректор *И. Федорова*

ООО «Издательство «Э»
123308, Москва, ул. Зорге, д. 1. Тел. 8 (495) 411-68-86.

Өндіруші: «Э» АҚБ Баспасы, 123308, Мәскеу, Ресей, Зорге көшесі, 1 үй.
Тел. 8 (495) 411-68-86.
Тауар белгісі: «Э»
Қазақстан Республикасында дистрибьютор және өнім бойынша арыз-талаптарды қабылдаушының өкілі «РДЦ-Алматы» ЖШС, Алматы қ., Домбровский көш., 3«а», литер Б, офис 1.
Тел.: 8 (727) 251-59-89/90/91/92, факс: 8 (727) 251 58 12 вн. 107.
Өнімнің жарамдылық мерзімі шектелмеген.
Сертификация туралы ақпарат сайтта Өндіруші «Э»

Сведения о подтверждении издания соответствия согласно законодательству РФ
о техническом регулировании можно получить на сайте Издательства «Э»

Өндірген мемлекет: Ресей
Сертификация қарастырылмаған

Подписано в печать 14.10.2016. Формат 70x108 $^1/_{32}$.
Гарнитура «Myriad». Печать офсетная. Усл. печ. л. 14,0.
Тираж 5000 экз. Заказ 8158.

Отпечатано с готовых файлов заказчика
в АО «Первая Образцовая типография»,
филиал «УЛЬЯНОВСКИЙ ДОМ ПЕЧАТИ»
432980, г. Ульяновск, ул. Гончарова, 14

ISBN 978-5-699-93403-4

Оптовая торговля книгами Издательства «Э»:
142700, Московская обл., Ленинский р-н, г. Видное,
Белокаменное ш., д. 1, многоканальный тел.: 411-50-74.

**По вопросам приобретения книг Издательства «Э» зарубежными
оптовыми покупателями обращаться в отдел зарубежных продаж**
*International Sales: International wholesale customers should contact
Foreign Sales Department for their orders.*

**По вопросам заказа книг корпоративным клиентам,
в том числе в специальном оформлении,** *обращаться по тел.:*
+7 (495) 411-68-59, доб. 2261.

**Оптовая торговля бумажно-беловыми
и канцелярскими товарами для школы и офиса:**
142702, Московская обл., Ленинский р-н, г. Видное-2,
Белокаменное ш., д. 1, а/я 5. Тел./факс: +7 (495) 745-28-87 (многоканальный).

Полный ассортимент книг издательства для оптовых покупателей:
В Санкт-Петербурге: ООО СЗКО, пр-т Обуховской Обороны, д. 84Е.
Тел.: (812) 365-46-03/04.
В Нижнем Новгороде: 603094, г. Нижний Новгород, ул. Карпинского, д. 29,
бизнес-парк «Грин Плаза». Тел.: (831) 216-15-91 (92/93/94).
В Ростове-на-Дону: ООО «РДЦ-Ростов», 344023, г. Ростов-на-Дону,
ул. Страны Советов, 44 А. Тел.: (863) 303-62-10.
В Самаре: ООО «РДЦ-Самара», пр-т Кирова, д. 75/1, литера «Е».
Тел.: (846) 269-66-70.
В Екатеринбурге: ООО«РДЦ-Екатеринбург», ул. Прибалтийская, д. 24а.
Тел.: +7 (343) 272-72-01/02/03/04/05/06/07/08.
В Новосибирске: ООО «РДЦ-Новосибирск», Комбинатский пер., д. 3.
Тел.: +7 (383) 289-91-42.
В Киеве: ООО «Форс Украина», г. Киев,пр. Московский, 9 БЦ «Форум».
Тел.: +38-044-2909944.

**Полный ассортимент продукции Издательства «Э»
можно приобрести в магазинах «Новый книжный» и «Читай-город».**
Телефон единой справочной: 8 (800) 444-8-444.
Звонок по России бесплатный.

В Санкт-Петербурге: в магазине «Парк Культуры и Чтения БУКВОЕД»,
Невский пр-т, д.46. Тел.: +7(812)601-0-601, www.bookvoed.ru

Розничная продажа книг с доставкой по всему миру.
Тел.: +7 (495) 745-89-14.